教师教育哲学译丛　译丛主编　王占魁

教育与教师教育

［英］理查德·S. 彼得斯（Richard S. Peters）◎著

王占魁◎译

华东师范大学出版社
·上海·

图书在版编目(CIP)数据

教育与教师教育/(英)理查德·S.彼得斯著;王占魁译.—上海:华东师范大学出版社,2023
(教师教育哲学译丛)
ISBN 978-7-5760-4154-5

Ⅰ.①教… Ⅱ.①理… ②王… Ⅲ.①教师教育-研究 Ⅳ.①G65

中国国家版本馆 CIP 数据核字(2023)第 173130 号

教师教育哲学译丛
教育与教师教育

著　　者　[英]理查德·S·彼得斯(Richard S. Peters)
译　　者　王占魁
责任编辑　彭呈军
特约审读　张天韵
责任校对　单敏月　时东明
装帧设计　卢晓红

出版发行　华东师范大学出版社
社　　址　上海市中山北路3663号　邮编200062
网　　址　www.ecnupress.com.cn
电　　话　021-60821666　行政传真 021-62572105
客服电话　021-62865537　门市(邮购)电话 021-62869887
地　　址　上海市中山北路3663号华东师范大学校内先锋路口
网　　店　http://hdsdcbs.tmall.com

印　刷　者　浙江临安曙光印务有限公司
开　　本　787毫米×1092毫米　1/16
印　　张　14.75
字　　数　184千字
版　　次　2024年4月第1版
印　　次　2024年4月第1次
书　　号　ISBN 978-7-5760-4154-5
定　　价　68.00元

出 版 人　王　焰

(如发现本版图书有印订质量问题,请寄回本社客服中心调换或电话021-62865537联系)

Education and the Education of Teachers 1st Edition/Editied by R. S., Peters/
ISBN:9781138968356

Copyright © 1977 by Routledge.

Authorized translation from English language edition published by Routledge, a member of the Taylor & Francis Group. All rights reserved.

本书原版由 Taylor & Francis 出版集团成员 Routledge 出版公司出版,并经其授权翻译出版。版权所有,侵权必究。

East China Normal University Press Ltd. is authorized to publish and distribute exclusively the Chinese (Simplified Characters) language edition. This edition is authorized for sale throughout Mainland of China. No part of the publication may be reproduced or distributed by any means, or stored in a database or retrieval system, without the prior written permission of the publisher.

本书中文简体翻译版授权由华东师范大学出版社独家出版并限在中国大陆地区销售。未经出版者书面许可,不得以任何方式复制或发行本书的任何部分。

Copies of this book sold without a Taylor & Francis sticker on the cover are unauthorized and illegal.

本书封面贴有 Taylor & Francis 公司防伪标签,无标签者不得销售。

上海市版权局著作权合同登记　图字:09-2021-0886号

丛书总序

对中国教育界而言,"教师教育"或者"师范教育"是一个并不陌生的概念。作为一项文化事业,它不仅一直是"师范"院校的主要职能,而且近年来也日渐成为"综合性大学"竞相拓展的业务范围。尽管我国自古就有浓厚的"师道"传统,也留下了为数众多的"师说"篇章,但是,近现代以来,我国学者对"教师教育"或"师范教育"的理论思考整体上比较薄弱,鲜有成体系的、具有国际影响力的教师教育理论,同时也缺乏对国外教师教育哲学理论成果的引介。从教育理论建构的意义上讲,"见证好理论"乃是"构建好理论"的前提条件。目前,在国家号召构建"成体系"的人文社会科学理论的背景下,引介国外知名学者有关教师教育的哲学思考,或许正当其时。

2020年5月,在华东师范大学基础教育改革与发展研究所的支持下,依托自己所在的"教育哲学"学科,我申请成立了"办学精神与教学特色研究中心"(以下简称"中心"),以期围绕教育活动中的"办学主体"和"教学主体"两个核心动力系统做些学术研究和社会服务。稍后,在从事有关美国要素主义教育哲学家威廉·巴格莱的教师教育哲学思想研究的过程中,我深切地感受到教师教育哲学对教师培养质量和教师职业生活品质影响深远。但是,无论是与上个时代纵向比较,还是与这个时代其他人文学科横向参照,近些年来国内教育学界有关国外标志性教育理论成果的引介力度都相对式微。从学术共同体建设的长远视野看,对国外教育理论的深入研究和广泛了解的不足,将在很大程度上制约我们自己的学术眼界、思想活力与理论深度。于是,我萌发了以"中心"之名策划一套《教师教育哲学译丛》的想法。

经过近半年的多方考察和华东师范大学出版社的谨慎筛选，我最终选定了西方学界4位学者的7本著作：第一本是英国教育哲学学会的创立者及首任主席、伦敦大学教育学院院长和教育哲学教授理查德·彼得斯（Richard Stanley Peters）的《教育与教师教育》。该书从"教育的正当性""教育与有教养的人的关系""教育质量的含义""自由教育的歧义与困境""柏拉图的教育观""哲学在教师训练中地位""教育（学科）作为教学的具体准备""教育作为一门学术性学科""大学在教师教育中的职责"九个方面，充分展现了一位分析教育哲学家对"教育"与"教师教育"问题的系统思考。第二本是前美国教育史学会主席、斯坦福大学教育学院兼历史系教授戴维·拉巴里（David F. Labaree）的《教育学院的困扰》，这本书从历史社会学的角度研究美国教育学院的地位问题，系统分析了教育学院在师资培养、教育研究人员训练、教育知识生产等方面所面临的特殊困难。

接下来的四本书，皆出自前美国教育哲学学会和约翰·杜威学会的"双料主席"、哥伦比亚大学教师学院教育史与教育哲学专业的戴维·汉森（David T. Hansen）教授。其一，《教学召唤》通过对不同类型学校教师的日常教学工作进行"深描"，探讨教师应当如何对待学生、如何管理课堂、如何参与学校及社会公共事务等议题，深入挖掘"教师"的职业身份意义与专业精神内核，并就教师如何兼顾"实现自我"与"公共服务"提供了独到见解。其二，作为《教学召唤》的姊妹篇，《重思教学召唤：对教师与教学的见证》借助生动案例，以审美、伦理和反思的方式呈现了敬业教师的存在状态，进而对教师为召唤而教的理论主张作出了全新的描述，并明确将教学界定为一种"伦理实践"，指出教学作为一种了解人性、改变学生心灵状况的使命召唤，远比工作、职业、工种、专业要深刻。其三，《教学的道德心：迈向教师的信条》，从"作为个人的教师意味着什么"问题入手，系统研究了在教学中成长的个体教师形象以及塑造这种教师的环境,进而对教学和传统的关系、理想在教学中的地位等问题进行了深入讨论。其四,面对世界的日益多元化、学校的日趋多样化、学生教育需求与学习能力差异的加剧等诸多现实挑战,《教师与世界:教育的世界主义研究》一书引导教师如何在忠诚于本土价值观、利益和承诺的同时,建立对新人、新事物和新思想的理性开放态度,鼓励他们通过不断反思实现二者之间的平衡。

最后,作为"尾声"压轴出场的是前国际知名刊物《戏剧教育研究》的联合主编、英国华威大学戏剧与艺术教育学专业乔·温斯顿(Joe Winston)教授的代表作《教育与美》。这本理论与实践紧密结合的教育美学力作,致力于唤醒教育中的美。它不仅对美的思想史进行了精要的纵向梳理,也对美与教育关系进行深入的横向分析,进而提出了"美即教育经验"重要命题;它不仅对教育与美进行深刻的理论阐释,而且深入到具体学科教学上做了详细的案例研究,对各科教师审美素养的培育都极具实践参考价值。

众所周知,现今高校青年教师肩负的教学、科研和生活压力十分繁重,与科研论文著作相比,校内外各种绩效考核和学术评奖对译著作品重视程度有限;与各级各类课题经费相比,国内译著的稿酬更是十分微薄;与此同时,要从事学术翻译工作,可能需要译者牺牲自己(包括与家人共度)的"休息时间"。由此来看,从事学术翻译的确不是一个"聪明"的选择。但是,这并不意味着学术翻译是一项没有"智慧"就能胜任的工作。这是因为,作为一项兼有"英文阅读"和"中文写作"双重属性的工作,学术翻译的难度远大于两项中的任何一项,甚至大于两项难度之和:译者不仅需要首先理解英文原意,也需要创造性地跨文化转述;既不能只顾英文的陈述逻辑,也不能只顾中文的语言习惯,每一章、每一节乃至每一段都要同时结合两种文化语境重新推敲、反复斟酌。显然,这不仅需要思维能力的支撑,更需要高度的道德自觉、价值态度和直觉才能等精神力量的支撑。正是从这个意义上讲,学术翻译乃是一种饱含"智慧"的付出。倘若不假思索地按照字面"直译""硬译",就不免会对专业领域通行的一些"术语"误解误读,进而对该领域的初学者造成误导。因此,一部优质学术翻译作品的问世,不仅意味着译者时间投入和智慧付出,也意味着译者对一个专业领域的仔细考究和深入钻研。

本译丛自筹划到出版,前后历时整四年。特别感谢六位"八〇后"中青年学友能够接受我的这份译事邀约,他们分别是北京师范大学教育基本理论研究院的林可博士、华东师范大学国际与比较教育研究所的沈章明博士、华南师范大学教育科学学院的刘磊明博士、江苏师范大学教育科学学院的张建国博士、清华大学教育研究院的吕佳慧博士和广州大学教育学院的李育球博士。他们结合自身的研究兴趣和专业所长,各自独立承担了一本书的翻译工作!我相信,诸位译者和我一样深知,我们在竭力解读、领悟、澄清和贴近前辈学人话语方式和理论逻辑的过程中,也在履行我们这一代学人所肩负的学科赓续和学脉承传的历史使命。这不仅体现了我们对学术事业共有的真挚热爱,也体现了这一代中青年教育学者不辞辛劳、不畏艰难、勇担"拾薪"与"传薪"重任的精神品格。更为重要的是,这种领域兴趣原则与独立自主原则相结合的分工机制,将为这套译丛的质量提供不可或缺的动力基础和专业保障。

值此"办学精神与教学特色研究中心"成立四周年之际推出这套译丛,希望能够为中国教师的实践工作和中国教师教育事业提供一些"窗口",同时也为中国教师教育的学术研究增添一些"砖瓦"。由于个人能力有限,恐错漏之处在所难免,不当之处,敬请各界方家及广大教育同仁批评指教。

王占魁

2024 年 4 月 8 日

译者前言

读者手头拿到的《教育与教师教育》这本书，首次出版于 1977 年，是英国教育哲学学会(PESGB)的创立者及首任主席、伦敦大学教育学院(IOE)院长和教育哲学教授理查德·斯坦利·彼得斯(Richard Stanley Peters, 1919—2011)主编的《国际教育哲学文库》中的一种。

从写作时间上看，该书成稿所跨越的 1964 至 1972 这 8 年时段，恰好位于《伦理学与教育》(*Ethics and Education*, 1966)出版的前后，因此，其中既包含了他对其代表作《伦理学与教育》写作背景的介绍，也包含了作者在该书出版以后针对学界相关质疑所做的进一步思考。例如，作者在本书第一章就明确以"教育与有教养的人：进一步的思考"为题，明确表达了它与前书的承接与递进关系。与此同时，本书第二章有关"教育质量的含义"及第三章和第四章有关"自由教育"的讨论，对这一论题也都多有涉及。此外，作为一名享誉世界的分析教育哲学家，1961 年，彼得斯曾应美国分析教育哲学家、哈佛大学教育研究生院教育与哲学专业以赛亚·谢弗勒(Isreal Scheffler, 1923—2014)教授邀请，在哈佛大学担任为期一年的客座教授。故而，本书第六章在讨论有关"柏拉图的教育观"的过程中，也包含了对美国学校教育实践案例的论析。

从内容结构上看，正如目录结构所示，本书主要分为"教育"和"教师教育"两个部分，共计 10 章内容。从其所讨论的问题上看，第一部分主要涉及诸如"关于教育正当性的辩护""教育与有教养的人的关系""教育质量的含义""自由教育的歧义与困境""柏拉图的教育观"等五个"教育"基本问题的讨论,第二部分主要涉及诸如"哲学在教师训练中地位""教育(学科)作为教学的具体准备""教育作为一门学术性学科""大学在教师教育中的职责"等五个有关"教师教育"问题的讨论。相信广大读者和我一样,仅从这些命题谱系上就能强烈感受到,作者对于教育和教师教育的思考既有理论深度,又有远大抱负。本书所论问题极具基本性、原理性,译者认为它非常适合作为"入门书",适合一切想要了解教育学科和大学教师教育领域的读者阅读。它不仅能够很好回应"外界"对教育学科的种种误解,也能够带领"初学者"一起进行有关教育实际问题的理论思考。虽然该书出版于近半个世纪之前,但它所探讨的这些事关教育和教师教育的重要论题,至今都是许多国内教育学人不曾涉及或者尚未作出正面回应的学术难题。

该书各章内容由论文和演讲稿组合而成,在行文结构和篇幅上可能显得有些参差不齐。为了最大限度降低广大读者(尤其是非教育学科背景的读者)阅读理解上的障碍,译者在体例上做了以下三个方面的协调和补充:一是,将各"篇""目"的数字形式统一改作中文版式常见的"章""节"形式呈现;二是,对缺失行文结构的演讲稿和部分结构不明的内容,提炼并添加了一些整体相对匀称的小标题(为便于区分,对新添加的内容,在目录中以"楷体"显示);三是,对行文中所涉及的"重要人物"和"关键术语"以脚注的形式做了简要说明。

最后,需要说明的是,对于书中六个关键词汇的翻译,译者做了以下处理:其一,对于"educated man/person/people"一语,既往学界多以"受过教育的人"直译[1,2,3,4]),然而,参阅《现代汉语辞典》(汉英双语版)中,与"有

---

1 王承绪,赵祥麟,编译. 西方现代教育论著选[M]. 北京:人民教育出版社,2001:509.
2 程亮. 什么是受过教育的人——彼得斯的观点及其批评[J]. 教育学报,2012(6).
3 在简成熙的译本里,对"educated man"一词,除了"受过教育的人"外,同时还存在"教育人"和"有教养的人"另外两种译法。参见:[英]皮德思. 伦理学与教育[M]. 简成熙,译. 新北:联经出版事业股份有限公司,2017:105.
4 [英]彼得斯. 伦理学与教育[M]. 朱镜人,译. 北京:商务印书馆,2019:21,23,28.

教养"对应的英文正是"be well educated"[1],正好符合彼得斯论析"自由教育育人目标"的学术语境,故而译者在本书中将其统一译为"有教养的人"。其二,对于彼得斯所用的"initiation"一词,既往学界已有"启发"[2]、"启导"[3,4]、"引导"[5,6]、"引领"[7]和"引领入门"[8]五种中文译名。相比之下,"引领入门"通俗易懂,又暗合了无须指出却又隐含其中的"学习者自主修行"(亦即中文习语所谓"师傅领进门,修行靠个人")意味的部分,故本书采行"引领入门"的译法。其三,对于作者在文中所要建构的具有"学术性学科"性质的"education"一词,为了保持其在当时语境中的"筹建"特性,译者在保持其"教育"基本语义的同时以括号的形式备注了其所暗含的"学科"意蕴,以备读者参考。其四,对于"liberal education"一词,理论界一般译作"博雅教育"[9,10,11,12]或"自由教育"[13],高等教育课程实践中则多称"通识教育"(中文语境实则对应 general education),结合作者考镜源流之语境,译者在本书中

---

1 中国社会科学院语言研究所词典编辑室,编. 现代汉语词典(汉英双语,2002 年增补本)[M]. 北京:外语教学与研究出版社,2002:983.
2 欧阳教. 教育哲学导论[M]. 台北:文景出版社,1973.
3 欧阳教. 观念分析学派的教育思潮[A]. 中国教育学会. 现代教育思潮[M]. 台北:师大书苑,1988.
4 程亮. 什么是受过教育的人——彼得斯的观点及其批评[J]. 教育学报,2012(6).
5 欧阳教,李彦仪. 教育作为一种生活方式——欧阳教教授专访[J]. 苏州大学学报(教育科学版),2015(2).
6 [英]彼得斯. 伦理学与教育[M]. 朱镜人,译. 北京:商务印书馆,2019:9.43.
7 欧阳教,李彦仪. 教育作为一种生活方式——欧阳教教授专访[J]. 苏州大学学报(教育科学版),2015(2).
8 [英]皮德思. 伦理学与教育[M]. 简成熙,译. 新北:联经出版事业股份有限公司,2017:38.
9 沈文钦. 西方博雅教育思想的起源、发展和现代转型:概念史的视角[M]. 广州:广东高等教育出版社,2011.
10 沈文钦. 《大学的理念》中的博雅教育学说——缘起、观点及其影响史[J]. 北京大学教育评论,2014(3).
11 [美]布鲁斯·金博尔. 什么是博雅教育[M]. 沈文钦,朱知翔,李春萍,译. 北京:北京大学出版社,2020.
12 [英]皮德思. 伦理学与教育[M]. 简成熙,译. 新北:联经出版事业股份有限公司,2017:100—102.
13 [英]彼得斯. 伦理学与教育[M]. 朱镜人,译. 北京:商务印书馆,2019:40—41.

将其译为"自由教育"。其五，鉴于作者在本书中时常将"大学"与"中小学"对举讨论，而中文的"学校"往往具有同时兼指"大学"与"小学"的能指性和含混性，因此，译者在本书中将学界一般译作"学校"的"school"一语均结合语境译为"中小学"。其六，对于今天学界一般译为"教育学"的"pedagogy"一词，鉴于到作者在行文中每每将其与教学内容对举，且作者明确怀有以"education"命名"教育学"之抱负，译者在本书(第九章和第十章)中结合语境将其译为"教学法"。谨慎起见，译者在这些可能存在争议的译名后面以括号形式备注了英文原词，以便读者核查。是否妥当，敬请各界方家批评指正。

王占魁

2023 年 10 月 11 日

目 录

作者原序 / 1
致谢 / 3
引言 / 5

第一部分 教 育

第一章 教育与有教养的人：进一步的思考 / 3
第一节 "教育"与"改革"的比较 / 3
第二节 针对认知条件的反对意见 / 5
第三节 价值是教育的唯一条件吗？/ 6
第四节 认知是教育的根本条件吗？/ 9
第五节 教育与有教养的人 / 12
第六节 概念分析的限度与要点 / 20

第二章 教育质量的含义 / 24
第一节 "质量"的概念 / 25
第二节 教育的内在质量 / 29
　一、"有教养"的产品标准 / 31

二、教育程序的过程标准 / 35
第三节　教育机构的外在目标 / 38
第四节　社会原则与教育机构 / 42
第五节　质量分析对行政决策的影响 / 45

第三章　自由教育的歧义性及其内容问题 / 49

第一节　自由教育的三种解读 / 50
第二节　自由教育即知识本身 / 53
一、为了实用目的的知识 / 56
二、为了知识本身的知识 / 58
三、知识的进步 / 59
四、有教养的心灵状态 / 62
第三节　自由教育即普通教育 / 64
一、思考的多维性 / 64
二、知识的关联性 / 66
三、理解的全面性 / 67
第四节　自由教育即自由人的发展 / 68
一、自主是一种心态 / 70
二、道德上的自主性 / 71
三、判断力与想象力 / 71
第五节　结论 / 72

第四章　自由教育的困境 / 74

第一节　自由教育即普通教育 / 75
第二节　自由教育即知识本身 / 79

第三节　自由教育即非专制教育 / 86

第五章　关于教育正当性的辩护 / 92
　　第一节　教育的独特价值 / 92
　　　　一、发达的推理能力 / 93
　　　　二、广泛的理解力 / 94
　　　　三、为事情本身而做 / 94
　　　　四、教育过程的逻辑关系 / 95
　　第二节　教育的工具性辩护 / 96
　　　　一、知识与理解 / 97
　　　　二、理解的广度 / 99
　　　　三、非工具性的态度 / 100
　　第三节　工具性辩护的不完备性 / 101
　　第四节　教育的非工具性辩护 / 103
　　　　一、免于无聊 / 103
　　　　二、理性的价值 / 106
　　第五节　非工具性的态度 / 119
　　第六节　结论性问题 / 122

第六章　柏拉图的教育观是正确的吗？/ 126
　　第一节　柏拉图教育建议的逻辑结构 / 127
　　　　一、价值判断 / 127
　　　　二、人性假设 / 129
　　　　三、相应的教育建议 / 131
　　第二节　柏拉图的积极贡献 / 133

第三节　对柏拉图的批评 / 137

第二部分　教 师 教 育

第七章　哲学在教师训练中的地位 / 143
　　第一节　为什么要引入理论？ / 143
　　第二节　理论的选择与呈现所应遵循的原则 / 146
　　第三节　作为教育理论分支的"教育哲学"是什么意思？ / 149
　　第四节　在初始训练阶段应该教授哪些教育哲学内容？ / 151
　　第五节　应该如何教授教育哲学？ / 156

第八章　"教育"（学科）作为教学的具体准备 / 160
　　第一节　内容的优先级 / 160
　　第二节　"教育"（学科）对课程设置的贡献 / 162
　　第三节　关于技能的教学 / 166
　　第四节　教育的一般理论 / 167
　　第五节　理论对实践的影响 / 170

第九章　教育作为一门学术性学科 / 177
　　第一节　教育研究的跨学科性质 / 177
　　第二节　教育理论发展的三个阶段 / 179
　　第三节　课程理论的发展 / 182
　　第四节　教育学者的三个生活世界 / 188

第十章　大学在教师教育中的职责 / 193
　　第一节　大学作为一个公共机构 / 194
　　第二节　大学应该关注教育研究吗？/ 195
　　　　一、教育理论发展的三个阶段 / 196
　　　　二、教育研究与大学观念的契合性 / 198
　　　　三、大学关注教育研究的方式 / 200
　　第三节　大学与教学专业的自主权 / 202

索引 / 205

作者原序[1]

近些年来,哲学专业的学生(students of philosophy)对教育哲学(philosophy of education)以及对那些比较具体和实际的教育问题越来越感兴趣。当然,自柏拉图(Plato)[2]时代起,哲学家们就对教育问题感兴趣,并已经开始在一种比较宏观的背景下探讨有关知识和美好生活的教育问题。不过,在我们这个国家,教育哲学,像科学哲学(philosophy of science)或政治哲学(political philosophy)那样,被视为哲学的一个具体的分支学科,则是最近才有的事情。

然而,将教育哲学称作一个特定的哲学分支,并不意味着它可以脱离哲学已有的认识论(epistemology)、伦理学(ethics)和心灵哲学(philosophy of mind)等分支,而成为一个独立存在的哲学分支。或许,更为恰当的理解是,教育哲学就是借助已有的哲学分支资源,并将它们综合应用于对教育问题的探讨。就这个方面而言,它与政治哲学如出一辙。二者通常都是利用已有的哲学资源来开展工作。例如,在处理诸如父母与孩子的权利问题、学校的惩罚问题,以及教师的权威问题的时候,它就可以借鉴并发展既往哲学家

---

[1] 该书是原作者主编的一套丛书中的一本,这里是作者作为丛书主编为这套丛书所作的说明。
[2] 柏拉图(Plato,公元前 427—公元前 348),是古希腊伟大的哲学家,也是整个西方文化中最伟大的哲学家和思想家之一。他与老师苏格拉底、学生亚里士多德并称"希腊三贤"。代表作品《对话录》、《理想国》对后世影响深远。——译者注

在有关"权利"、"惩罚"和"权威"等方面所取得的研究成果。然而,对于诸如"教育"(education)、"教学"(teaching)、"学习"(learning)、"灌输"(indoctrination)等其他一些问题,既往的哲学分支却并没有进行过系统的研究。因此,教育哲学家(philosophers of education)不得不在心灵哲学(philosophy of mind,又译"精神哲学")的这些方面做出一些新的开创性的研究。反过来,有关教育问题的哲学研究,也能够让我们重新激活并重新认识哲学领域长期存在的一些难题。例如,通过关注儿童所遭遇的特殊困境,我们就会对惩罚和责任问题产生新的认识。通过追问学校课程设置的合理性问题,我们也将重新激活摩尔(G. E. Moore)[1]先前对某些固有善物(things are good in themselves)的担忧。

正如其他应用领域的情形一样,教育哲学也存在着两极分化的危险:它要么贴近实践而在哲学上表现薄弱,要么在哲学上表现老练却脱离实践问题。为此,这套新的国际教育哲学丛书(International Library of the Philosophy of Education),旨在为这个领域提供一套既有实践关怀又有哲学水平的奠基之作。同时兼备这两种品质,既是人们对教育哲学的期望,也是这套国际教育哲学丛书的追求。

R. S. 彼得斯

---

[1] 乔治·爱德华·摩尔(George Edward Moore, 1873—1958),20世纪英国著名哲学家,分析哲学及元伦理学的创始人之一。1918年起任英国科学院院士,1951年获英王颁发的功勋勋章。摩尔认为,与伦理相关的概念不可能用自然概念(例如:"生存""功利"等)来解释。代表作品有《伦理学原理》(1903)、《伦理学》(1912)、《哲学的一些主要问题》(1953)等。——译者注

致　谢

感谢编辑和出版人同意我将他们之前编辑出版的书籍和期刊中的材料付梓重印。

第一章：英国教育哲学学会年会论文，巴兹尔·布莱克威尔和莫特(Basil Blackwell & Mott)出版社，1970年1月。

第二章：比比(C. Beeby)主编：《教育规划的质量问题》(*Qualitative Aspects of Educational Planning*)，教科文组织(Unesco)，1969年。

第三章：斯特赖克(K. A. Strike)和伊根(K. Egan)著：《伦理学与教育政策》(*Ethics and Educational Policy*)，劳特利奇和凯根·保罗有限公司(Routledge & Kegan Paul Ltd)，1977年。

第四章：1973年在赫尔大学(University of Hull)政治学系的演讲稿，R. S. 彼得斯，1977年。

第五章：R. S. 彼得斯主编：《教育哲学》(*The Philosophy of Education*)，牛津大学出版社，1973年。

第六章：发表于《迪达斯卡洛斯》(*Didaskalos*)期刊，1975年第5卷第1期。

第七章：1964年在赫尔大学(Hull)举办的教育院系教师协会和教育与科学部(ATCDE-DES)论文，R. S. 彼得斯，1964年。

第八章：1967年在艾弗里山学院（Avery Hill College）举办的教育院系教师协会和教育与科学部（ATCDE-DES）联席会议论文，R. S. 彼得斯，1967年。

第九章：1972年举办的教育研究常务会议（Standing Conference in Educational Studies）的论文，巴兹尔·布莱克威尔和莫特（Basil Blackwell & Mott）出版社，1973年。

第十章：发表于伦敦大学教育学院（University of London Institute of Education）主编的《伦敦教育评论》（*London Educational Review*），1972年春第1卷第1期。

引 言

这本论文集展现了作者近十年来对教育问题和教师教育问题的持续思考。前两篇发表于20世纪60年代末的会议论文，试图更加清楚地说明"教育"和"教育质量"的含义——人们尽管在有关综合性学校（comprehensive schools）的公共辩论中经常谈及"教育质量"，但却很少分析它的内涵。接下来两篇有关自由教育（liberal education）的论文，则是新近的作品。前一篇论文考察了自由教育概念的歧义性，即它可以同时被释作"知识本身"（knowledge for its own sake）、"普通教育"（general education）和"非专制教育"（non-authoritarian education）等多种含义，在这里，对于赫伯特·斯宾塞提出的"什么知识最有价值？"的问题，我也没有给出确定的答案。第二篇论文最初宣读于赫尔大学政治系，它旨在勾勒有志于从事自由教育的教师所可能遭遇到的各种困惑与困难。在第五篇再版论文中，我试图改进和澄清我最初在《伦理学与教育》（Ethics and Education）一书中试图证明的教育的正当性问题。第六篇最初是我提交给经典名著教师联合会（the Joint Association of Classics Teachers）的一篇论文，它试图从柏拉图对教育的观点中建构出一些可以为我们今天所接受的内容，而不是聚焦于那些通常更易实施却难以接受的内容。

第二部分的首篇文章是作者1964年参加在赫尔大学召开的教育院系

教师协会（the Association of Teachers in Colleges and Departments of Education，简称 ATCDE）和教育与科学部（Department of Education and Science，简称 DES）的联席会议所提交的论文。在这篇论文中，我区分了那些对教育理论有贡献的学科，这对提高教育理论的标准具有里程碑意义。可以想见，这种学科区分的结果之一就是，每个学科都倾向于各自为政，而许多教育问题则会像往常一样仍然处于混乱状态，因为它们需要跨学科的方法。这个部分的第三篇论文同时强调了跨学科研究和理论与实践问题相结合的必要性。第二篇论文是我在 1967 年召开的另一次教育院系教师联合会和教育部的联席会议上的发言，旨在强调教学内容在教师训练中的作用：如果教师并不精通自己所教的内容，那么向他们介绍再多迷人的教育理论中的发现和推测也是没有用的。最后一篇论文写作于《詹姆斯报告》（the James Report）[1]发表之际。当时，大学对教师教育的参与权正受到严重威胁，这篇论文试图为大学保持这种参与提供辩护。当时，作者还在伦敦大学教育学院院长及教育研究委员会主席的任上，由此，我也以核心成员的身份参与了政府有关《高等教育：一种扩张方案》（Higher Education: A Framework for Expansion）白皮书制订过程的反复研讨和磋商。

希望人们不要纯粹从历史的意义上来看待这些论文，因为它们提出了

---

[1] 《詹姆斯报告》是英国 1972 年 2 月发表的以约克大学副校长詹姆斯勋爵（Lord James of Rusholme）为主席的调查委员会报告。作为一项有关师范教育改革的报告，报告中提出了全新的教师职前教育和在职培训计划，这就是"师资培训三段法"，即把师资培训分为由个人高等教育、职前教育专业训练、在职进修三个阶段构成的统一体。具体而言，该报告提出师范教育分三个连续环节的基本改革方案：第一环节为普通高等教育；第二环节为专业训练；第三环节是最为重要的在职培训。建议第一环节除一般大学提供第一学位外，还可新设两年制的"高等教育文凭"。第二环节两年：第一年进行专业学习，学习结束成绩合格者称"持证教师（Licenced Teacher）"；第二年到受聘实习学校任教，受实习学校指导教师与大学指导教师的共同指导，成绩合格者称"认证教师"（Registered Teacher），并授予教育学学士学位。第三环节为在职进修阶段，要求教师在服务满七年后，至少应有一个学期以上的留薪留职进修，且其后至少每五年进修一次。总体上看，《詹姆斯报告》的颁布与实施，促进了英国师范教育非定向培养体制的确立，因此被誉为英国的"教师教育宪章"。——译者注

一些具有长期重要性的问题——诸如:关于教育及其质量和目标,关于通识教育的内容,关于教育理论的性质及其与实践的关系,以及关于大学在教师教育中的作用。不过,即使纯粹从历史的角度来看,第二部分的论文也是一些具有重要意义的文献,因为它们反映了近十年来教师教育领域所发生的迅速变化。1964年赫尔会议召开时,三年制的课程刚刚引入大学,会议讨论围绕如何最好地利用额外的一年以及如何提高课程标准展开。当时正值大学的疯狂扩张时期,恰逢大学引入教育学士学位(the B. Ed degree)。而今,身处紧缩时期的我们所注重的是实践,以及各种各样理论与实践相结合的尝试。1964年那篇题为《哲学在教师训练中的地位》(*The Place of Philosophy in the Training of Teachers*)的论文则反映了60年代初的愿望,1972年那篇题为《教育作为一门学术学科》(*Education as an Academic Discipline*)的论文反映了70年代初的发展态势。一个有趣的问题是,未来究竟是会比20世纪60年代更加强调理论的重要性呢,还是会比70年代更加强调实践关怀呢?

第一部分

教　育

第一章　教育与有教养的人：
　　　　进一步的思考[1]

第一节　"教育"与"改革"的比较

过去,在思考"教育"(education)这一术语时,我通常都将它比作"改革"(reform)[2]。它假定,我们可以通过改变人们的经验方式让他们变得更好。因此,一系列过程所遵循的统一原则,乃是实现变得更好这一总体目标的支撑观念。在这里,"更好"(better)乃是一个非常正式的术语,因为它的内涵必须由其使用者自己来定义,惟其如此,经过一系列过程才有可能带来他所预期的结局(the desired end)。我认为,"教育"的内涵与此相似,只是更为复杂。其相似之处在于,教育意味着一系列过程,其统一原则就是要从某个

1　我要感谢澳大利亚国立大学(the Australian National University)在我做访问学者期间所提供的便利条件,使我能够完成这篇论文的写作;与此同时,我也要感谢澳大利亚国立大学哲学系的杰弗里·莫蒂莫尔(Geoffrey Mortimore)为这篇论文的初稿提出了建设性的意见。
2　在《现代汉语词典》(汉英双语版)(外语教学与研究出版社,2002年,p.620—621.)中,"改革"与"改良""改善"意思基本相同:"改革"即"把事物中旧的不合理的部分改成新的、能适应客观情况的"(reform);"改良"即"去掉事物的个别缺点,使更适合要求"(improve or ameliorate)或同"改善"即"改变原有情况使好一些"(improve)。综合来看,所谓"改革"实指一种"改良性的革命"(ameliorative revolution),即以不断完善的方式实现最终的根本性变革。——译者注
3　中文版边码为英文原版的页码。——编辑注

人身上发展出某些理想品质(desirable qualities)。诚然,要获得这些有价值的品质(valuable qualities),人们有许多过程方式可以选择,但是,"有价值"(valuable)一词却势必需要按照某一个人或某一群人的价值观念来定义。教育的"目的"(aims)试图更准确地说明这些理想品质(desirable qualities)是什么,例如:批判性的思想(critical thought),健全的人格(integrity of character),富有创意的心灵(being creative)等等。

这意味着,这两个术语之间存在如下区别:

(1)"改革"意味着一个人已经偏离了某种被认可的行为标准,与此相反,教育不仅没有此种意味,而且通常都倾向于让人们置身他们从未设想过的价值观之中。

(2)"改革"意味着一种有限的操作。如果一个男孩在延迟满足感方面遇到困难,那么让他变得更加谨慎,几乎可以算作是对他的改造(reforming)。而"教育"却不止于此。事实上,教育意味着传递一个共同体的某些积极价值观(some positive values of a community),以便个体能够将其变成自己的价值观。

(3)"教育"不仅意味着发展一个人的价值观,而且包含着一个人知识的积累和理解力的提升。无论如何,一个有教养的人(an educated person)都应对某些事情有所了解,而不仅仅是拥有技能(know-how)或诀窍(knack)。这也意味着,我们不应把"教育"狭隘地理解为"专业化"。换言之,我之所以要提出"教育是整个人的教育"(education is of the whole man)这个概念性的事实(a conceptual truth),就是因为"有教养"(being educated)与那种狭隘的"专业化"(being narrowly specialized)大相径庭。

由此,我们还可以进一步提出这样一些问题:是否还存在处于道德界限之外的其他一些概念,我们也可以将其认定为一种教育过程?我们对于那些自认可取的教育观,是否做过伦理上的辩护？我们在教育过程中传递和分发信息的方法,又是否具有伦理上的正当性？不过,在这里,我所关心的并非这些问题；因为我只想询问一个前提性的问题,即我们是否已经开始具备在逻辑上正确使用"教育"一词的必要条件。

第二节　针对认知条件的反对意见

我们也可以为这一分析提供一些反例,其中包含一些比较棘手的问题。首先,让我们来看一些有关认知条件的反对意见:

(1) 我们可以谈论"专业化的教育"(specialized education)。这一异议通常会以这样的方式来自圆其说:在拥有多种条件的情况下,我们可以通过使用一个反语来取消其中一个条件。例如,当人们说自己是"直觉地"知道某事时,这个"直觉地"一词也就构成了消解我们通常据以相信"知识"的一个反语条件。同样,我们也可以将"专业化"看作是取消"教育"的一个反语条件。

(2) 当我们知道斯巴达人除了简单的技能和民间传说之外,便再没有什么别的东西可以传承的时候,我们可能会谈及斯巴达人的教育,甚或一些更原始部落的教育。也许我们可以像谈论患有神经质的狗那样(有趣的是,尽管我们现在已经不再谈论动物的教育了)扩展"教育"的外延；也许我们应当将"教育"一词仅仅限定在"人们以有价值的方式养育孩子"(bring up their children in what is thought to be valuable)这一种用法上,否则就是在误用"教育"一词。我们可能也会注意到,词汇的内涵与其使用者所持的概念结构有关。对于那些尚且无力区分"教育"与"训练"(training)或"养育"(bring up)之间差别的人而言,其对"教育"一词的认识可能会更加含混。即使是那些能够在更精确的意义上使用"教育"一词的人,有时候也难免会以较前文更为笼统的方式来使用它。只不过，我们很难遇到这样的反例。

第三节　价值是教育的唯一条件吗？

　　一些人可能会认为人们从一般意义上比较含混地使用"教育"一词是难免的，进而他们可能会倾向于认为，对"教育"概念的简化分析应该遵循其价值条件，因为它是我们在逻辑上恰当称说"教育"的唯一必要条件。由此，"教育"可能就会作为一种旨在培养人的理想品质的基本概念被确定下来，因为我们重视知识及其理解的广度只是一个偶然的事实。因此，这个假定的知识条件，并非"教育"在逻辑上成立的条件，而是由我们的特定价值观所决定的。根据这种观点，一个有教养的人就应该是那种追求有价值的事物的人。他旨在通过努力学习而成功地进入到社会所珍视的某种生活状态。在我们的当代文化中，无论从人们追求各种形式的真理的意义上看，还是从人们追求诸如性、饮食、园艺等其他一些价值物（valuable things）的意义上看，有关事物价值的判定都取决于人们对相关事物的知识和理解——如果人们是以一种谨慎、偏爱或明智的态度来追求某种价值物，那么也就意味着这种价值物具有较高的价值。因此，"有教养"（being educated）也就成了一个与知识和理解有着牢固联系的概念。这意味着，在认定知识与理解的价值性的同时，我们有可能在其他情况下将与其他价值追求相联系的概念，也认定为是与知识和理解相联系的东西。我们可能会将其他有价值的东西放在"有教养"这个概念之下，但事实上我们并没有这样做。在我们的文化中，有些人可能会把其他东西放在"有教养"这个概念之下，因此，他们所谓"有教养"的概念是包含了诸如干净、整洁、说话口音优美等含义在内的。然而，如果他们认为知识和理解毫无价值，他们就会因自己所持的迥异价值观而赋予"受教育"这个概念以完全不同的内涵。

现在，让我们简要检查一下这种简化分析方法的合理性：

（1）其最大的优点是它使我们摆脱了谈论与斯巴达教育有关的问题。在斯巴达人的价值体系中，知识和理解并没有受到高度重视。由此来看，真正罕见的，并非一个有教养的斯巴达人，而是一个斯巴达人在其受教育的过程中变得渴求价值物而不渴求知识与理解。

（2）支持这一观点的另一个论点是，"教育"肯定有其用途，它意味着教育会通过某种引领入门的过程（some process of initiation）使人们致力于追求他们所想要的价值物。例如，有些人对高尔夫这样的游戏所具有的价值并不敏感。或许他们认为这不过是一种奢华的散步；或许，由于他们不幸的成长经历（unfortunate upbringing），他们会将它与诸如马球和骑马狩猎等上层阶级的游戏联系在一起。我完全可以对这样一个庸俗的人说，他就是没有教养。话至于此，我想我既没有必要再提请大家关注他对足球历史的无知，也没有必要再提醒大家注意，足球在其起源国原本也是一项平民运动。我想我所要说的是，他从来就不曾置身其中，因而他也就无法领略其中的奥秘。他还没有被引领入门（been initiated）。同样，当我们说一个人不具备一种有教养的品位（uneducated tastes）时，我们的意思是否一定是指他（完全或者在某些方面）不重视知识和理解呢？抑或在我们看来，我们的意思是指，他的品位完全给错了对象？

我认为，我们在此类案例中所指的是，希腊伦理学中缺失了一种类型的知识问题——有关如何判定事物好坏的知识（the knowledge of what is good）。这包含了一种从构成事物的内在因素看待事物的认识论。在这里，我们不可能深入探讨这类知识所涉及的一切复杂问题。正如苏格拉底和柏拉图所说，这种知识与人们对某种事物的关心密切相关，而并非人们通常所说的"知道怎样做"(knowing how)或"知道那个事实"(knowing that)。但是,每当谈论那种有教养的人时,我们脑海中可能就会浮现出这种与价值追求有关的知识类型。因此,如果后者只是被看作一种与理解的深度和广度有关的知识,那么这种情况似乎就既能够支持"教育"作为一种与价值条件(the value condition)相联系的概念,也能够支持"教育"作为一种与知识条件(the knowledge condition)相分离的概念。

然而,各种不同程度的反对意见认为,不仅应使价值条件成为支撑"教育"概念合理性的基本条件,而且应将价值条件视为合理使用"教育"一词的充要条件。具体如下:

（1）我们经常会无视他人所珍视的价值传统去谈论一个国家的教育制度。这种反对意见,与我们谈论其他社区或我们自己亚文化中的道德准则如出一辙。一旦我们从自己的案例中了解了"教育"和"道德"等术语的功能,我们就可以像人类学家、经济学家那样,以外部描述的方式来使用它们。我们也可以用黑尔(Hare)[1]所谓的"加引号"(quotes)来表示。[2]

（2）我们可以谈论差教育(poor education)或坏教育(bad education)。每当我们这么说的时候,它意味着这项工作被搞砸了,或者它所关注的价值观没有达到预期的理想目标。其实,这个时候,我们应该拒绝使用"坏教育"的说法,而应该说它根本就不是"教育"。

（3）然而,对于这种简化分析的方法,一个非常严肃的反对意见是,许多人都认为,有教养(being educated)乃是一种糟糕的生活状态。他们所反

---

[1] 理查德·麦尔文·黑尔(Richard Mervyn Hare, 1919—2002),20世纪英国著名伦理学家,同时也是西方元伦理学的领军人物之一,代表作品《道德的语言》。他认为,道德语言的本质特征在于其规定性(prescriptivity),人们使用道德语言的目的在于规定和指导各种行为,因此,不能将道德判断混同于事实陈述或事实判断。最终,他通过对语言的语义分析,提出了普遍规定主义的道德语义理论,对元伦理学的发展产生了深远的影响。——译者注

[2] Hare, R.M. (1952) The Language of Morals (Oxford University Press), pp.124-126.

对的,不仅仅是某一种特定的教育制度,而是一切教育形式。或许他们将教育与书籍和理论联系在一起,而没有意识到知识可以以各种方式改变人们的生活。相反,他们蔑视诸如文学、心脏手术、登月等一切教育的表现形式。他们认为,没有教育,人们会过得更好。他们不会将敬畏上帝和按照他们祖先的方式养育孩子描述为教育。因此,在使用这个术语时,他们也不会认为教育与他们所珍视的东西之间有任何联系。对他们来说,教育仅仅是指他人把知识教给他们及他们的孩子。而且,他们自己可能连明确区分他们所承传的价值物的想法都没有,更不用说用一个具体的词汇来标记它了。

第四节 认知是教育的根本条件吗?

有一种提议认为,不妨将价值条件(valuative condition)视为唯一合适的逻辑条件(logical condition),而将认知条件(the cognitive conditions)当作一种取决于我们价值观的灵活条件(ingenious condition),尽管这种假设最终将面临那些根本不重视教育的人的质疑。不过,人们也同样可以提议,将认知条件当作唯一合适的逻辑条件,而将价值条件看作一种由认知条件决定的灵活条件。[1] 这可能被证明是一种既不好也不坏的简化分析方法。由此看来,有教养(being educated)所蕴含的根本观念就是拥有知识和理解。这是因为,在我们的文化中,无论是就其本身而言,还是从其对技术和我们生活品质的贡献来说,知识和理解都受人重视。由此,受教育也就成了一种人们高度向往的生活状态。

这种简化分析的方法值得推荐:

---

[1] 我把这个建议归功于南希·格洛克夫人(Mrs. Nancy Glock),她于1968年3月在哈佛教育研究生院的一次研讨会上首次以非常有说服力的方式向我提出了这个建议。

(1) 它当然合乎那些把教育看作坏事的人们的看法。由此,也就难怪那些淳朴或头脑冷静的人们会反对仅仅依据人们重视知识和理解这一偶然事实,来判断教育与那些受到珍视的事物之间的联系了。因为他们不仅认为"有教养"对于自己的生活毫无用处;而且,事实上,还可能会给他们已有的生活方式带来一种坏的影响。如果他们认识到"有教养"有助于他们经营农场或治疗疾病,那么他们可能就会认为它还是有一点价值的,但也仅限于工具价值。

(2) 如果在谈论教育和教育制度的时候,我们不对教育的现状进行支持或反对的评价,那么也就没有必要对这些观点做出任何精致的哲学论证。事实上,在这种情况下,教育会被称作"知识产业"(knowledge industry)。由此,我们也就可以像谈论其他一些重要或不重要的实践形式一样来谈论它了。

(3) "差教育"或"坏教育"仅仅标志着传授知识的效率(低)或传授知识的价值(小)。

对这个提议的主要反对意见是,无论是过去还是现在,人们在使用"教育"一词的时候,事实上都已经不再强调其与知识之间的概念联系了。拉丁语中的"教育"(educere)一词通常(尽管并不总是)意指身体的发育(physical development)。在白银时代的拉丁语(Silver Latin)[1]中,"教育"(educare)一词既可以指饲养动植物,也可以指养育孩子。在英语中,这个词最初也泛指饲养动物和养育孩子。例如,在17世纪,据说哈特夫妇就喜欢讲述他们在树林里接受启蒙教育(first education)的快乐时光。当时,这个词也常用于人类对诸如猎犬和猎鹰等动物和鸟类的训练。在19世纪,它甚至被用于

---

1 "白银时代的拉丁语"(Silver Latin)指公元1世纪时期的拉丁书面语。——译者注

指称养蚕！（见《牛津英语词典》）如今，我们有时仍在这种一般的意义上使用它。例如，我们用它谈论斯巴达教育，用它指称我们自己所接受的种种与知识和理解没有任何密切关联的训练形式。也就是说，我们今天依然在沿用这种旧的用法。

当然，这些词源学的论据，充其量也只是为我们提供了一些可能值得继续追踪的理论线索，而不可能有什么大的建树。如上所述，这个词最初的含义似乎还非常笼统。然而，随着工业化的到来，以及随着工业化对知识和技能需求的日益增长，"教育"（education）越来越多地与"学校教育"（schooling）以及在这种特殊机构中进行的训练（training）和教授（instruction）联系在一起。学校教育规模上的巨大变化，不仅促进了全民义务教育（compulsory schooling for all）的发展，也使"教育"成了一个从根本上得到严格界定的概念，以至于当下我们在使用"教育"这个词汇的时候，都倾向于将它看作一个仅仅与知识增长和理解力的发展相联系的概念。现在我们会对"训练"和"教育"加以区分，而以前的人们却不会这么做。当然，现在我们既不会使用"教育动物"（educating animals）这样的说法，也永远不会使用"教育植物"（educating plants）的说法。但是，我们确实会使用"训练动物"（training animals）和"培植玫瑰"（training roses）以及其他种类植物的说法。

由于我们总是怀有这两个方面的考虑，因此，无论尝试以何种方式分析这个概念，我们似乎都会在这种简化分析的尝试中陷入僵局。不过，另一种语源学的观点，或许不仅有助于解释我们在思考这一概念的过程中所遇到的困惑，而且有望为我们打破这一僵局提供出路。

第五节　教育与有教养的人

7　　　《牛津英语词典》(OED)中的一些研究表明：直到19世纪，"有教养"(being educated)这个观念才开始用于指称一个人在道德、智力和精神上的全面发展。也只有到了这个世纪，教育(education)和训练(training)这两个概念才被明确地区别开来。这种区分用法与两种想法紧密相关：一种想法认为，通过教授(instruction)可以产生理想的心理素质(desirable mental qualities)；另一种想法认为，(训练)可以使人的潜在素质得到开掘和发展。然而，这一术语也依然像以前一样被用来同时指称养育孩子、饲养动物和学校里的教授活动(instruction)。换言之，虽然在19世纪之前，有一种作为精心训练和教授结果的有教养的人(the cultivated person)的理想，但"有教养的人"(an educated man)一词尚没有成为引发人们关注这一理想的常用术语。虽然他们已经有了这个概念，但是，他们并没有用"有教养"(being educated)这个词来表达这种含义。因此，教育(education)也尚未被明确视为指向培养今天所谓"有教养的人"这一发展结果的一系列过程。

　　如今，尤其是在教育界，作为一种理想的"有教养的人"的概念已经根深蒂固。因此，那些在教育机构工作的人们，自然会认为他们所做的就是与一个人的发展有关的事情。这将使他们非常敏感地意识到，怀抱这一理想与拥有有限而具体的目标之间的区别。为此，他们使用"训练"一词（来指称后者）。例如，在罗宾斯报告(the Robbins Report)[1]之后，我们不仅见证了"训

---

[1] 1961年2月，为确定是否对英国高等教育目前的规划和协调各类机构发展的工作安排进行调整与修改，在充分了解英国高等教育现阶段的状况并与其他国家进行了对比研究后，英国首相哈罗德·麦克米伦(Harold Macmillan)宣布创立以伦敦大学莱昂内尔·罗宾斯爵士(Lionel Robbins Lord)为主席的全国高等教育调查委员会(National Committee of Inquiry into　（转下页）

练学院"(Training Colleges)向"教育学院"(Colleges of Education)的更名,也见证"身体训练"(Physical Training)向"身体教育"(Physical Education)的说法转变。简言之,由于"有教养的人"(an educated man)这个概念的发展,"教育"(education)的概念也变得更加严格了,因为它与这种人的发展有着天然的联系。对我们来说,之所以要把"教育人"与"训练人"区分开来,乃是因为教育再也不能与那种狭隘的训练活动相提并论了。

正如前面有关"教育"与"改革"的对比分析所示,我一直认为"教育"和一个有教养的人的发展之间存在紧密联系。我曾指出,可能之前别人并没有发展出这样一种更具差异性的概念结构,但是,我至今仍然坚持认为,即使之前的人们没有以十分具体的方式来区分这些术语,他们也不会否认区分这些术语的重要性。[1] 不过,或许令我意想不到的是,先前人们在使用"教育"一词的时候,普遍没有将各种抚养和养育活动与一个有教养的人的发展紧密联系在一起。很可能仍然存在这样一种情况:许多人在使用"教育"一词的时候,不仅用它来指称学校中的一切教授、训练活动,也用它来指称诸如排便训练、保洁训练、发音训练等一些不太正式的育儿实践。然而,我认为,现在除了半幽默的言语方式之外,人们并不会用这个词来指称动物的训练,我也从来没有听说有谁用它来表示对一个园丁所从事的种植劳动的尊敬。相比17世纪,这个概念的用法,至少在这些方面已经发生了普遍性的转变。

(接上页)Higher Education)。1963年10月,经过大量的实证调查(111次会议,400多份来自个人或组织的书面资料,90个机构代表和31个证人的采访),罗宾斯委员会发表了《高等教育委员会报告》,通称《罗宾斯报告》(The Robbins Report),并于10月24日被政府采纳。该报告不仅拟定了到1980年为止英国高等教育的中长期计划纲要,提出立即扩大各高校教育规模,所有先进技术学院均应享有大学的地位并升格为大学等建议,而且最终提出的高等教育的发展原则、主要目标和178条具体建议对20世纪60年代之后的英国教育产生了极其重大的影响。——译者注

1　Peters, R.S. (1966) *Ethics and Education* (Allen & Unwin, London), pp.29-30.

那么,这个从词源学得出的一般结论,能够给我们简化分析"教育"概念的两个备选方案带来什么启示呢?我认为,这取决于我们关注的是对"教育"的分析,还是对"有教养的人"的分析。如果我们关注的是对"教育"的分析,那么我显然会选第一种方案。"教育"最初是用来指称一切养育(rearing)、抚养(bringing up)、教授(instruction)等过程的。因为那些从事这项工作的人如果不考虑所传授内容的价值,他们就不会为此感到烦恼。所以,想必这些过程与那种价值的观念之间总是存在着某种松散的联系。然而,在这个阶段,这种联系是否算得上是一种概念上的联系,却是值得怀疑的;因为在这个阶段,"抚养"只是一种家庭的职能,而不是一种专门教育机构的职能,因此,人们还不太可能过多地思考哪些东西是真正值得传承的,哪些东西不值得。因此,教育必须传递被认为是有价值的东西,但也可能包括其他许多不重要的东西。然而,随着工业化的到来,人们越来越重视识字、算术、知识和技能;因此,随着专门机构的广泛发展,为了传承这些日益增长的遗产,教育与这些机构中进行的各种教授过程之间的联系开始变得十分密切。这种联系是如此的紧密,以至于对现在的一些人而言,谁不重视书本或理论就有可能会被说成是不重视教育。然而,尽管其他许多人也真的重视教育,但是他们却未必想要成为一个有教养的人。他们之所以珍视教育,乃是因为如今的教育已经成为通往更好工作和成功人生的康庄大道。

然而,如果我们像我先前那样从"受教育"(be educated)的意义开始分析,并将教育视为旨在促成这一(有教养的)结果的一系列过程,那么,这种教育结果就势必与知识和人的全面发展相联系。教育概念的价值条件与此密不可分;因为这种"有教养的人"的观念,乃是那些认识到教育与人的发展密切关联的人们的教育理想。19世纪,随着专业知识的重要性逐渐明朗,这一教育理想开始突显出来。作为对功利主义的专业化的回应，这一教育理想所坚守的价值在于，对知识的无私追求、全面理解与发展。当时，那些有教养的人们对贸易和技术还普遍抱持一种蔑视态度。因此，像农业和烹饪这类实用追求通常都被视为工具性技术，而不被视为一个有教养的人的核心生活内容，尽管它们作为业余爱好或许也能让人沉迷其中。希腊人的教育理想是，把一个人从与地球物质的粗糙接触中解放出来，为自身利益、自律和控制他人而发展知识。然而，一旦实用价值与工具价值相分离，尤其是在遭遇浪漫主义抵制的影响下发生这种分离，人们就有可能在追求知识之外，赋予一系列无私追求以内在价值。因此，我们所谓一个有教养的人，不仅能够在追求自己梦想与事业的过程中感到快乐，而且他的个人爱好和总体生活方式，在某种程度上也会随着他对事业理解的全面性和敏感性的提升而改变。追求实用并不意味着就一定会失去成为一个有教养的人的资格，因为对实用价值的追求并不仅限于纯粹工具性的条件下才能进行。当然，这并不意味着一个有教养的人就不知道追求诸如科学等知识的工具价值，这仅仅意味着他的认识超越知识的工具价值。这也并不意味着他没有专业知识，而仅仅意味着他并不只是一个视域狭窄的专家。

当这个有教养的人的概念成为一个特定时期的理想时，它就会变得备受瞩目。由此，价值性内容也就成了包含在这个概念之中的一个必要条件。不过，确认这个价值条件的重要性是一回事，而勾勒如何才能精准地获得这一重要结果的教育过程则完全是另一回事。显然，在教育的过程中，有教养（being educated）是身处教育过程中的人们所向往的一种状态。对于怀有这种理想的人们而言，教育的价值可以归结为对知识的追求和占有，亦即作为一种具有吸引力和挑战性的活动。教育不仅能够激发人的其他追求，而且具有整合真理的内在价值。但是，就道德意义而言，我们应该如何看待一个有教养的人所具有的非工具性面向呢？或许可以说，教育的价值本身就具有一种非工具性的特征，因为是否能够从非工具性的角度来审视教育活动，乃是决定人们是否能够置身和享受教育活动过程的首要因素。当然，对教育活动的这种非工具性的欣赏，势必要与那种食、色之类的野性和缺乏反思的享受区别开来。或许有人会认为，人们在享受水平上所具有的差异，取决于他们是否具备柏拉图和苏格拉底所谓"善的知识"（knowledge of the good）。如果真是这样的话，那么，尽管人们所掌握的知识类型及其理解的深度与广度不同，知识也将成为"有教养"（being educated）的一个重要条件。可能有人会说，苏格拉底和柏拉图在有关艺术的思考中，通过将这一领域的知识与人们对自身所追求事业的固有标准的敏感性相联系，已经为我们提供了认识这种知识的线索。正如苏格拉底在回答色拉叙马霍斯（Thrasymachus）[1]提问时所指出的那样，任何一位技术能手都会尊重构成其技艺卓越品质的行业标准。他不仅了解这些标准，而且关心这些标准，并致力于达成这些标准。这种对与技术要点密切相关标准的敏感性，乃是开展相关理论研究和实践活动的共同要素。这是因为，理论研究并不是对这项活动有点闲暇或者有点好奇心的人就能胜任的，它还要求从业者必须关注与追求真理密切相关的清晰性、关联性、一致性和正确性等标准。只要理论认识能够改变人们的实践追求，那么，实践活动也会包含这些标准；只不过，除此之外，实践活动还会包含一些由实践者的实践目的派生出来的附加标准。因此，有教养（being educated）包含着一种着迷和享受的能力（a capacity for absorption and enjoyment），而且这种能力关系到一个人对其

---

[1] 色拉叙马霍斯（Thrasymachus）是公元前5世纪与安提丰（Antiphon）、克里蒂亚斯（Critias）、希庇亚斯（Hippias）、高尔吉亚（Gorgias）和普罗泰戈拉（Protagoras）齐名的几位"雅典先贤"之一，是当时杰出的修辞学教师和演讲作家。在柏拉图的《理想国》第一卷中，他对"正义"的批判代表了公元前5世纪末雅典诡辩启蒙运动的道德和政治观点，具有重要的历史意义。——译者注

活动和追求所蕴含标准的敏感性。

如果苏格拉底有关"善的知识"的观念能够作为我们分析"有教养"的非工具性价值的关键因素,那么,要"成为一个有教养的人"(being an educated person),就势必涉及三个方面的知识问题:知识或理论理解的深度,关乎全面发展和"认知视角"的知识的广度,以及"善的知识"(knowledge of the good)。所以,"有教养"(being educated)的价值条件取决于各个方面的知识条件。然而,人们可能会问:那种包含在"善的知识"之中的非工具性的态度,是否在人的任何实践追求中都会为其精神状态赋予价值呢?一名高尔夫球手可能会表现出这种态度,但是,是否无论高尔夫作为一项活动的价值如何,这种态度都会赋予他的心灵以价值感呢?或者说,是否高尔夫和其他活动的价值,取决于这种活动的标准能否为该活动赋予技巧性、精准度、远见和谋略等等?如果答案是肯定的,那么像盗窃之类的反社会活动所带来的问题,算不算"有价值"呢?我们能否反对这样一种说法,即入室盗窃可能成为一个有教养的人的追求之一,因为一个偶然的事实是,大多数人这样做是为了获得利益,而不是出于热爱盗窃吧?抑或是,我们仅仅因为这种活动的反社会性质暴露了他在全面发展上的不足,就将其排除在外呢?

诸如此类的问题,不仅与"有教养"(being educated)的分析有关,也与一般的伦理理论有关。这种情形,类似于那些独立自主或有责任心的人,在看似琐碎或反社会的活动中表现出来的精神品质。当然,只要活动符合人际之间的正义、仁爱和自由等道德原则,或者包含真理性的价值,那么,这些活动就会产生附加价值。问题仅仅在于,是否存在这样一种独特的价值,它不仅与思维品质相联系,也可以在服从或不服从其他(如游戏)准则的各种活动中表现出来。在全民教育的背景下,这是一个相当重要的问题;因为对许多人而言,既不可能对他们所扮演的工人、丈夫和父亲等角色开展深入的理论研究,也不可能对支撑和改变这些角色的价值来源生发出多么有深度或者有广度的理解。但是,他们却可以从许多富有挑战性和技巧性的活动中收获快乐,无论这种快乐是源于收获金钱抑或名声。而且,并非所有此类活动都具有显著的社会价值。

当然,"有教养"(being educated)概念所带来的这些问题,是内在于先前有关"教育"(education)概念的分析之中的。但我认为,打破"教育"与"有教养的人"的发展之间的联系,有助于深化对它们的研究,尤其有助于我们分析其中所包含的各种知识问题。打破二者之间的这种联系,也有助于解释我之前在回应人们反对意见的过程中曾怀有的不安情绪,因为我之前开展的那种旧式分析就是以这种联系的预设为基础的。正如上面第二节第(2)部分所示,我们很难面对人们非常自然地谈论斯巴达教育(Spartan education)这一事实,来展开有关教育概念的分析。而今,说一个有教养的斯巴达人(an educated Spartan)几乎是自相矛盾的;因为"有教养"(being educated)作为一种做人的资格(as qualifying a person),与"有教养的人"(an educated man)保持着联系,而且,我们所了解的一项事实就是,大多数斯巴达人都不是有教养的人。尽管如此,他们确实有各种严格管教和训练孩子的方法。因此,"斯巴达教育"听起来很不错,因为这种说法依托于那种原始的比较泛化的教育概念。与此相似,相比"直觉性的知识"(intuitive knowledge),"专业化的教育"(specialized education)这个概念也更容易让人接受一些。因为在"教育"的一般用法中,人们总是习惯于将训练(training)或教授(instruction)所指向的工作领域具体化。因此,谈论特殊教育(special education)或普通教育(general education)并无不妥之处。问一个人是否接受过教育(whether has been educated)和问他是不是一个有教养的人,似乎也确实有所不同;因为前者的意思可以仅限于"他上过学吗?"(Has he been to school?),而后者的含义却远不止于此。

对这两个有关"教育"的概念的区分,也使我能够冷静面对我对某些教育目标问题的不满。我认为,教育的过程就是那些导致受教育者发展的过程;因此,关于教育目的的陈述必定是重言式的同义反复,否则就必须做出有说服力的定义。否则我们就只能说一些非常笼统的话,例如,说教育的目的是培养人们理想的心态,这就好比说改革的目的是让人变得更好。同样,说教育的目的是引导人们对价值物产生具有一定深度和广度的理解,也几乎就是重言式的同义反复。如果可以在教育的目的中加入某些更为具体的内容,例如使人成为敬畏神的公民,那么,这个教育目的的陈述就会变成一个有说服力的定义。另一方面,对某个人的目的或者某一种目的的陈述,也能够更精确地说明有关有教养的人所具有的特定品质,例如批判性思维、健全的人格,等等。因此,任何关于某一种教育目的或者关于某个人的教育目的的陈述,都在强调一个有教养的人所具有的特征。对于任何我们可以称之为教育目的的东西,我们也可以说"这就是有教养的人的样子"。这一分析证实:我们一般并不提及教育的目的与内容;而当我们想要明确诸如商人、木工、牙医等这些与教育人的目标相容或不相容的职业目标时,我们会说这是在训练他们。这一分析证实:我们并不会说为了什么具体的目的、以某种具体的方式或者按照某种具体的标准来教育人;当我们想要明确教育的职业目标,而这些目标可能与教育人的目标不相一致的时候(例如商人、木工、牙医等),我们就会说这是在训练他们。有的时候,有人会说我们是为生活而教育人。但是,这种空洞的教育目的,试图用工具性的价值模型来解释"有教养"所暗含的普遍价值。

如果我们把教育的过程看作是受教育者发展的过程,那么,这些关于教育目的的概念性认识就与此直接相关。另一方面,如果我们依赖于"教育"

这一更为普遍的概念，即不分青红皂白地用其指称有关抚养(bringing up)、养育(rearing)、教授(instructing)等一系列教育实践，那么，我们可能就会从工具性的角度看待教育，也就是说，我们可能就不会将教育与包含在我们所谓"有教养的人"(an educated person)的概念之中那种一般性的目的关联在一起。我们可能会称说"驾驶员教育"(driver education)或者把教育说成是一种好的投资，因为它可以提高生产力。但是，我认为我们不会说我们在教育一个人如何做生意或者当牙医，因为我们会从内部审视这个过程，而且，当我们采取这一立场时，占据主导地位的还是那种旨在培养一个有教养的人的想法。但是，如果更多从外部来看，那么，我们可能就会说，教育的目的在于找到一份更好的工作。换言之，我认为我们并不倾向于把"教育"当作一个任务动词(a task verb)来使用，而不考虑作为一个有教养的人所取得的各种成就。但是，我们确实用它来从外部描述教育，即将它与那些围绕教育的外在目标(外在于我们旨在培养一个有教养的人的概念)而进行的事情关联在一起。与其那样谈论"教育"(educational)过程，倒不如花更多时间去讨论一种具有"教育性"(educative)的教育过程。

简言之，区分这两种"教育"概念是一件非常重要的事情：前者被认为是促使有教养的人出现的原因，后者则完全被用来指代与养育孩子有关的各种实践。做出这一区分，有助于澄清我们使用"教育"一词的方式。而且，鉴于"教育"乃是一个与"改革"相类似的常用语，因此，这里在澄清其在所有用法中出现的大多数问题的同时，也保留了先前分析中的重要内容。

第六节 概念分析的限度与要点

可能有人会问，试图理清这两个"教育"概念的意义何在，尤其可能会问,为什么在有了这个较为具体的"教育"概念的情况下,还要保留那种传统的模糊用法。我认为,这种概念上的整理工作是有意义的,因为目前人们确实在使用这两种概念。如果人们信奉与第二个较具体的概念有关的教育价值,那么,努力弄清这些价值的内涵,不仅有助于我们具有这样一种基本的澄清问题的理智美德(intellectual virtue),而且可能有助于引发人们对它给予应有的关注。我本以为,在这个特殊的历史关头,人们很可能会忽视传统用法上"教育"一词所包含的世俗的、工具导向的活动。相反,我的实际印象却是,人们太过热衷于以工具性的眼光看待教育。尽管教育在公众那里备受青睐,但是,在我看来,他们热衷教育的理由非常有限。我认为,政府主要是把教育当作一种训练有素的人力资源的来源(the source of trained manpower),而普通人则把教育看作社会流动的工具(the vehicle of social mobility)。此外,越来越多的人倾向于使用"教育"一词——亦即利用与有教养的人相关的价值观——来提升他们日常活动的档次。例如,尽管他们将"驾驶教学"(driving instruction)改成了"驾驶教育"(driver education),但是,他们所提供课程的性质却没有做出任何根本性的改变。因此,为了提醒人们注意"教育"与作为其理想结果的"有教养的人"之间的联系,我始终认为,当我们不把我们正在做的事情与这样一个理想结果联系在一起时,我们就应该使用"训练"(training)或"教授"(instruction)这样的词汇。这种严谨的措辞不仅有助于沟通,也有助于对教育理想的统筹兼顾。

但是,按照维特根斯坦(Wittgenstein)[1]的看法,概念分析无非是让一切

---

[1] 路德维希·约瑟夫·约翰·维特根斯坦(Ludwig Josef Johann Wittgenstein, 1889—1951),20世纪奥地利裔英国著名哲学家,同时也是20世纪世界最有影响力的哲学家之一,其主要研究领域为数学哲学、精神哲学和语言哲学等,曾经师从英国著名哲学家罗素。主要作品有《数学基础研究》《美学、心理学和宗教信仰的演讲与对话集》《关于心理学哲学的最后著作》《逻辑哲学论》等。——译者注

维持原状。因为问题仍然在于，以这种方式强调知识和理解，关注人的全面发展和内在动机，是否还是一种可取的教育观念。为了解决这类问题，我们必须深入研究伦理学和社会哲学（ethics and social philosophy），并对当代形势展开经验分析（empirical analysis）。概念分析本身虽然无助于回答这些问题，但它可以为这些问题提供比较精确的提问形式。从这种分析中产生的议题，主要是伦理问题。不过，由于这些伦理问题是以非常具体的方式呈现出来的，从而也就避免了近期有关伦理讨论中存在的许多最无聊和最无益的问题——例如：伦理话语是否必须是"规定性的"（prescriptive），是否存在某种界定"道德"领域的正式方式。由此，我们得以直接进入生活伦理讨论（live ethical discussion）所关心的核心问题：什么才是有价值的内容。它具体包含以下几种类型的问题：

1. 在"善"（the good）的领域中，什么才是值得追求的内容，因而也才应当引领儿童进入其中？这些内容的价值是否取决于儿童追求它们的方式（例如，是否需要心怀热爱，是否需要考虑其内在标准，是否需要诉诸理智[intelligence]、机智[resourcefulness]、勇气等等），或者，某些并不涉及人际关系原则的追求是否优于其他追求？

2. 对于那种旨在追求、占有和理解知识的教育，我们能够给出什么样的正当理由呢？而在追求其他重要活动时，我们是否又会给予它不一样的论证呢？例如，对于追求知识而言，除了问题1所述的论证类型，是否还有可能对它进行某种先验性的论证（transcendental justification）？我们如何区分知识广度与知识深度上的价值差异？我们又会将苏格拉底所谓"善的知识"归入何种重要的知识类型之中呢？

3. 如果知识具有提升实践追求的价值，那么，这种"提升价值"是否源于问题1所述的那种价值？抑或这种价值独立于问题2中所指的问题1之外、与真理作为一种价值的特殊地位有关的某个来源?

4. 问题 1 所述的那些价值与人类所拥有的诸如自主、正直、勇敢等卓越品质之间有什么关联?

5. 问题 1 和问题 4 所说的价值与诸如正义、趋利避害等人际关系原则之间有什么关联?

黑尔曾声称,如果道德哲学家们能够致力于回答"我该如何抚养我的孩子"的问题,那么,伦理学中的许多黑暗角落可能都将因此被照亮。[1] 他更多考虑的是人际关系原则的领域,而不是"善"的领域;但是,这是一个与两个领域都相关的问题。我认为,对"教育"的概念分析做出新的尝试,有助于使未来教育哲学和一般伦理理论所面临的核心使命变得更加具体。

(巴兹尔·布莱克韦尔 & 莫特出版社,1970)

1　Hare, R.M. (1952) *The Language of Morals* (Oxford University Press), pp.74-75.

第二章 教育质量的含义

面对教育中的各种"扩张"(escalation)表现,教育机构的工作人员往往认为,这种扩张势必要以牺牲教育的"质量"(quality)为代价,必然导致教育质量的进一步恶化。与此相似,教师也往往认为,将"综合性"(comprehensive)原则引入教育改革,不仅会改变中等教育的布局,也必然导致其质量下滑。

正如英国人现在要比中世纪更"自由"的说法一样,上述这些主张也无疑揭示了不少问题的实质。问题是,它们道出了过多的实情。我的意思是说,人们对这些主张做出的解释是如此的五花八门,以至于对它们的大量赞同之声掩盖了对其含义的各种解释。因此,头脑冷静的经济学家无法忍受教育工作者的含混不清。这多半是因为,这些教育主张的意义太过泛滥而反倒显得无足轻重。

如果使用"质量"一词而不是像"好"之类更一般的术语来评价教育,则会产生额外的混淆。因为它可能会使教育工作者或经济学家认为,可以通过计算来解决可比性问题。如果有人问,从教育角度来说,一所面向特定学术精英的学校是否比一所面向各种能力水平学生的学校更好,那么,显而易见,对这个问题的回答取决于究竟要在两所学校的哪些方面进行比较。因为人们使用"好"这个术语的标准一直在变。另一方面,如果有人问一所学校或一种教育体制的质量是否高于另一所学校或者另一种教育体制,那么我倒建议他可以就二者的某个方面进行直接比较。由于教育中几乎从未出现过这种情况的可比性问题,所以,如果在教育中使用"质量"一词,就会使人们对教育产生不合适的期望。事实上,教育决策几乎总是涉及多重标准。因此,到目前为止,正如"质量"一词所暗示的那样,尽管它经常被用于某些事物之间某个方面的比较,但是,它在大多数教育情境中却每每成为一个被不幸误用的术语。

为此,在本文中,我打算从以下方面对其详加阐述:

第一节,我要谈谈"质量"的概念。

第二节,我要说明人们在谈论教育质量时,必然涉及多重标准。

第三节,我将结合中小学和大学教育评价的实际情况,对教育内外的标准做出区分。其中,第一类标准是我所说的教育机构的"外在目标"(extrinsic objectives)。

第四节,我要说明,第二类标准是教育组织与教育分配中的"社会原则"(social principles)。

第五节,我将指出这一分析对教育决策可能产生的影响。

第一节 "质量"的概念

拉丁语名词 qualitas 是对希腊语 ποιότης 的翻译,柏拉图和亚里士多德(Aristotle)[1]用它来指称事物的本质(essence)。一个事物的品质(qualities)

---

[1] 亚里士多德(Aristotle 公元前 384—公元前 322),古希腊伟大的哲学家、科学家和教育家之一,堪称希腊哲学的集大成者。他是柏拉图的学生,亚历山大的老师。作为一位百科全书式的科学家,他的写作涉及伦理学、形而上学、心理学、经济学、神学、政治学、修辞学、自然科学、教育学、诗歌、风俗,以及雅典法律等几乎每个现代分支学科,并由此构建了西方第一个包含道德、美学、逻辑和科学、政治和玄学在内的广泛的哲学系统。——译者注

是它区别于其他类型事物的属性。(在伽利略[Galileo][1]、笛卡尔[Descartes][2]和洛克[Locke][3]那里,它被用于比较事物的主要和次要品质[qualities]。)它也被更广泛地用于区分不同人群所具有的属性,诸如独立、诚实等思想和性格方面的品质——通常都是好的品质。

由此,也形成了我们现在所熟悉的对"质量"一词的一般用法。我们会使用诸如一个东西的质地(the quality of a thing)、某种事物的品质(quality in something)、一个有质量的东西(a thing of quality)、一个东西的质量(a thing's quality)等说法,来与一个东西的某一属性(a quality of a thing)或一个东西的诸多属性(a thing's qualities)区别开来。这些都是对事物所具有的某种卓越(excellence)或者突出(pre-eminence)品质的规范表达,或者是对事物所具有的某些属性的直观描述。

然而,事实并非如此。一般来说,事物的任何特征都可以具有质量。例如,我们在谈论一匹马的质量或者一把刀的质量的时候,就不会想到它们的

---

[1] 伽利略·伽利雷(Galileo Galilei,1564—1642),意大利天文学家、物理学家和工程师、欧洲近代自然科学的创始人,代表作品《两门新科学》。他研究了速度和加速度、重力和自由落体、相对论、惯性、弹丸运动原理,并从事应用科学和技术的研究,描述了摆的性质和"静水平衡",发明了温度计和各种军事罗盘,并使用用于天体科学观测的望远镜。他对观测天文学的贡献包括使用望远镜对金星相位的确认,发现木星的四颗最大卫星,土星环的观测和黑子的分析,享有"观测天文学之父""现代物理学之父""科学方法之父""现代科学之父"等诸多荣誉头衔。——译者注
[2] 勒内·笛卡尔(Rene Descartes,1596—1650),法国著名的哲学家、物理学家、数学家,也是17世纪的欧洲哲学界和科学界最有影响的巨匠之一。他是二元论的代表,留下名言"我思故我在"(或译为"思考是唯一确定的存在"),提出了"普遍怀疑"的主张,是欧洲近代哲学的奠基人之一,黑格尔称他为"近代哲学之父"。他的哲学思想深深影响了之后的几代欧洲人,开拓了所谓"欧陆理性主义"哲学。笛卡尔自成体系,融唯物主义与唯心主义于一体,在哲学史上产生了深远的影响,同时,他又是一位勇于探索的科学家,他所建立的解析几何在数学史上具有划时代的意义。他因将几何坐标体系公式化而被认为是解析几何之父。他与英国哲学家弗兰西·斯培根一同开启了近代西方哲学的"认识论"转向,因此又被誉为"近代科学的始祖"。——译者注
[3] 约翰·洛克(John Locke,1632—1704),英国伟大的思想家和哲学家,也被广泛视为是启蒙时代最具影响力的思想家和自由主义者,代表作品有《论宽容》《政府论》《人类理解论》《教育漫话》等。他的思想和著作极大地影响了伏尔泰和卢梭,以及许多苏格兰启蒙运动的思想家和美国开国元勋,他的理论也被反映在美国的独立宣言上。——译者注

颜色,尽管颜色也是它们的特征之一。就规范意义而言,质量关乎所讨论事物区别于其他事物的突出特征。一匹马的质量与其身材比例或者奔跑、跳跃的能力有关;一把刀的质量则通常与其切割能力有关。人们之所以选定某些直观描述意义上的属性或者品质作为规范表达质量概念的基础,就是因为它们被人们视为所论之物的重要属性。但是,区分某些属性重要而其他属性不重要的理论依据是什么呢?

按照亚里士多德的观点,这个问题的答案是显而易见的。事物都有其所属的自然种类,而构成其本性的那些品质也可以说就是这类事物的理想特征。众所周知,这种本质学说将描述类的定义属性与规范类的理想标准混为一谈了。理性(rationality)是人的本质,尽管许多人都有犹豫不决的表现。因此,如果我们去问亚里士多德一个有品质的人(a man of quality)的标志是什么,那么,他的回答可能就是理性。然而,从历史上看,这种适用于"一个有品质的人"的概念之规范,是与其贵族出身相联系的。尽管亚里士多德本人认为,良好的出身和外表有助于人的本质(他的理性)的发展,但他也认为,即使没有良好的出身和外表,人的理性本质也照样能够得到发展!这意味着,有关一个东西"质量"的规范,开始与其定义属性或本质属性发生分离。因此,从哲学上讲,无论本质属性学说是什么,显而易见的一点是,有关一个事物内在"质量"的一般规范性观念,已经脱离了其与一切对该事物定义属性的细致描述之间的关联。它已经开始与那些被视为重要的或有价值的(亦即从规范意义而非严格逻辑意义的角度看来作为一个事物"本质"的)属性关联在一起。

因此,规范意义上的"质量"观念,建基于一个事物的一种或多种描述意义上的重要或有价值的属性之上。这种价值观源于对事物内在属性或外在属性的考虑。例如,一幅画的质量源于其作为一件艺术作品所具有的内在品质。另一方面,一把刀的质量源于其锋利和坚硬等品质,而这些品质之所以受到重视则是由于它们在满足人类目的上所具有的工具价值。因此,针对质量的评估取决于:(a)区分内在价值与工具价值的独特属性,(b)判断某一特定事物是否具有这些方面的显著特征。换言之,与那种不加区别地赞扬某物不同的是,要想具体地谈论"质量",就势必要在有关质量的一般判断中涉及具体事物的重要品质特征。

这种过于简化的分析,足以表明有关"教育质量"(quality in education)评估方面的种种难题。首先,在人们看待教育的准则之中,隐藏着模糊的教育质量观。教师和其他积极参与教育活动的人们,会从教育价值(educational value)的角度来审视正在发生着的教育活动。因此,他们主要基于以下两种内在因素来估算"质量"的价值:其一是将他们的教育结果约等于他们所谓"一个有教养的人"(an educated man)的概念,其二是将各种教育活动的成效,约等于处于不同"发展"(development)水平的儿童对这一结果的达成。因此,他们对"质量"概念的理解,部分是根据某些理想标准的成就水平,部分是根据入学标准的有效性。他们主要关注的是教育的内在"质量",这与教育的外部价值形成对比。例如,政治家和经济学家可能会为学校和整个教育系统设定不同的教育目标。他们可能更倾向于以工具性的眼光来看待一所学校,因为他们的着眼点可能主要在于确保适当数量的受过相关训练的人力。因此,他们所持的"质量"观念,取决于他们在何种程度上重视学校或教育系统中的何种质量。现在必须更详细地阐述教育概念本身的复杂性,从不同参照框架审视教育的复杂性。我将首先讨论教育的内在质量,然后再讨论外在意义上的教育质量。

第二节　教育的内在质量

无论在何种社会中，人们都会认为由思想和意识形式构成的某些心理状态和行为模式具有内在价值。这也就是说，这些心理状态和行为模式之所以被认为有价值，是因为它们的本质所是，而不是因为它们会导致什么结果。社会学家在谈及一个共同体的表达文化与工具文化的关系时，也会做出类似的区分。显而易见，有些事情必须以这种（工具的）方式看待；否则，这种"工具性"（instrumentality）的概念哪有用武之地？当然，这并不意味着我们就不能从不同背景审视种种活动（例如：编织、烹饪、科学研究）所具有的工具价值和内在价值。同样，这些价值观是否与特定社会相联系，以及它们是否能为特定社会人们的追求提供合理的辩护，还是一个悬而未决的问题。就这项探究的目的而言，仅仅表明这些价值观作为共同体生活方式组成部分的重要性就足够了，不必涉及有关其道德地位的问题。

"教育"是我们用来描述一系列程序的一个术语，通过这些程序，个人被引领进入这种形式的思想和意识，以及由这种形式的思想和意识所指示的活动和行为模式。当然，尽管我们把一个已经得到成功引导的人称作是"有教养的"（educated），但是，它还是存在一个程度问题，毕竟任何人都不可能抵达完满教养（being completely educated）的境界。当人们所处的既非一种明确的学习环境，也没有人着手教给他们任何东西的时候，他们可以在"学东西"（picking things up）的过程中受到很多教育。但是，教育的很大一部分是在专门的教育机构和比较明确的教育情境中进行的，其中的学习环境也是有意设计的。在这里，我们所关注的，是后一种意义上的教育。

显然，教育的总体"目的"（aim）在于受教育者的发展。因此，只有更清楚地了解形塑"有教养"(being educated)观念的标准,才能确定教育中的"质量"观念。不过,教育中的"质量"观念,也可以用来描述那些引领入门的工作(procedures of initiation)在受教育者发展方面所发挥的功效。因此,其中可能存在两种判断:

1. 产品质量的判断(product judgments of quality),这纯粹与那些在中小学或大学读书的人在多大程度上能够达到"有教养"(being educated)的多重标准有关。

2. 过程质量的判断(process judgments of quality),它会在学生入学之前仔细考查学生的状况,测试他们满足受教育的既定底线标准的程度。

举个例子:如果只从产品的角度来考虑"质量",那么一所高升学率的学校(即达到大学入学标准的学生比例很高的学校),将以优异的成绩来体现它的办学质量。然而,如果从过程的角度来看,如果一所处于犯罪率和文盲率很高的贫民窟地区的学校,有相当比例的学生获得某种公认的毕业证书,并且没有一人被带到少年法庭受审,那么这所学校也算展现了它的办学质量。当然,没有产品意义上的"质量"概念,就无法使用那种过程意义上的质量概念;因为在对那种"有教养的人"(educated man)的理想结果一无所知的情况下,我们也无法评估教育过程的成效。

问题是,什么是有教养的人呢?那种产品意义上的质量概念,又是基于何种标准建立起来的呢?

其次,那些促进产品取向的质量发展并为过程取向的质量概念提供内容的教育机构、课程、教师和教学程序又具有怎样的特征?

这些问题为我们讨论教育"质量"提供了一个框架。

一、"有教养"的产品标准

关于一个有教养的人应该具有怎样一种独特的精神品质，尚无定论。事实上，正因为需要多个标准来解释有教养（being educated）的含义，有关教育目的（the aims of education）的讨论才如此普遍。人们不仅试图通过明确教育目的来表达对这个"有教养"概念（the concept of being educated）背后标准的重视和关注，也试图为这个有教养的人的观念（the notion of an educated man）赋予具体的内容。

为了将这些有关教育目的的陈述系统化，这里不妨通过以下三个主题来形成一个有关"有教养"概念标准的正式框架：[1]

1. 承认某些事物本身就是有价值的。有教养（to be educated）意味着，在一定程度上养成了一种"非工具性"（non-instrumental）的态度。一个有教养的人之所以比较愿意从事科学、编织、烹饪等领域的工作，是因为这些工作自身的价值，而不是因为它们所能导致或带来的价值。在这个方面，关键是要培养一种自主的学习态度，以及专注（concentration）、坚毅（perseverance）、着迷（absorption）和自发享受（spontaneous enjoyment）的普遍态度。

根据这一标准，人们并不会优先考虑那种纯理论的追求，尽管这种纯理论的追求在传统上被奉为一种本身就具有最高价值的追求。然而，在投身工程这样的实践活动时，人们没有理由不对其内在价值也同样抱有好感。因为不仅诗歌、数学定理和科学理论能够给其作者带来这种感受，工程师在

---

[1] 本文是在作者对第一篇论文中提出的"教育"概念进行第二次思考之前撰写的。因此，它们之间存在差异，例如第36页关于斯巴达教育的内容。他甚至对自己的第二个想法也不满意，并试图做出进一步的修改。因此，这里所提出的有关"教育"的"分析"，都不应被视为对高度不确定的目标瞄准射击。

建造桥梁的过程中,同样也会为自己建造了一种具有持久价值的物体而感到快乐。事实上,实践活动往往纯粹是为了满足某些外在需求而进行的,但它不应该导致我们认为必须始终抱持一种工具性的态度去开展实践活动。毕竟,一些诗歌是迫于某种要求(如为了庆祝胜利)而写作的,许多科学发现也都出于回应某些现实压力的需要而进行的。的确,如果实践活动是建立在理论理解的基础之上,而不仅仅是为了某种操作技巧或诀窍的展示,那么,它们也是具有附加价值的。由此,它也引出了有关有教养概念的另一个标准。

2. 知识和理解(以及适当的情感)。尽管我们所追求的诸如音乐、芭蕾舞或工程等价值通常都表现为技能,但是,有教养并不仅仅意味着技能,它还包括"知道事情本然"(know-that),而不仅仅是"知道如何操作"(know-how)。这就需要在早期教育阶段为受教育者确立起有关概念和范畴的基本结构,以便使其能够将这个世界所具有的客观特征与那些愿望、恐惧和想象的产物区别开来。因此,受教育者必须掌握阅读和写作的基本技能,以便扩大和明了经验的边界,更好地控制经验表达与经验交流的方式。然后,必须发展受教育者在科学、数学、道德、人际交往、历史、美学、宗教和哲学等不同领域的认知模式;而且,既不能只是了解而不理解,也不能以惰性理解(inert understanding)的方式完成认知,而是必须关注这些认知模式背后的价值观,例如,尊重事实,尊重人,对痛苦的敏感性,以及对"有意义的形式"(significant form)的敏感性。

受教育者必须能够明确区分以下几种意识形式:(a)了解事实并掌握一定的知识体系;(b)理解那些能够为(a)提供支持的原则和理论,并且能够运用这些原则和理论对经验做出解释;(c)熟悉并掌握(a)和(b)所采用的程序,并可对其进行评估、批判和开发(如科学案例中的科学方法)。它允许受教育者以某种相关意识形式进行自主的问题解决、探索或评价。

要成为一个有教养的人,就必须至少达到(b)的程度,并对(c)有一定的了解,即使他不精通这些程序。

满足这一标准的教育"质量",不仅关系到受教育者所获得的辨别力和理解力,也关系到其在这些意识形式方面所表现出来的诸多美德。一些诸如尊重事实、尊重证据、尊重论敌、愿意在事实和论证面前改变自己的观点,以及公正、谦逊、宽容等优秀品质,都是一些非常通用的美德,因为它们乃是追求一切真理形式都必须具备的先决条件。还有其他一些比较偏向"理智"(intellectual)方面的通用美德:一致性、独创性、准确性、清晰性、精确度、相关性和想象力。这些将是一切意识形式所共有的最普遍的"质量"标准。此外,还有一些不同意识形式所特有的更为具体的美德,例如:科学观察中的客观性和敏锐性,数学推理中的清晰性和严谨性。

3. "整体性"。如今,有许多人主张,课程建构的依据应当是各种不同的学习领域(例如:古典文学、政治、教育、地理、欧洲思想、17世纪),而不是那些对"纯粹"思想形式的个别研究。他们认为,这样可以更好地激发和维持学生的兴趣,从而避免学生形成那种专家式的条块分割化思维(the compartmentalized mind)。无论这些主张所指涉的事实情况如何(以及是否有人在进行了必要的调查之后才发表了此种意见?),教育者对这种"整体性"(wholeness)的要求都是可以理解的;因为"有教养"排除了受教育者将思想狭隘地局限于某一种意识形式,正如"有教养"排除了受教育者将知识完全用于满足外在目的一样(标准1)。"教育是有关整体的人的教育"(Education is of the whole man),这是公共平台上经常出现的陈词滥调,因而也是一种概念上的真理,因为我们不会把一个被狭隘专业化的人叫作一个有教养的人。当然,这并不意味着一个有教养的人就不必接受任何方面的训练，而只是排除了使人只接受训练的可能性。一个训练有素的艺术家、科学家或历史学家并不一定就是一个有教养的人，因为他可能对这些领域拥有深刻的理解，但他的理解却仅限于这些领域。很难确定，一个人各个方面的认识必须获得怎样程度的发展，才算得上是有教养。这一标准的主要功能在于排除那种狭隘的专业主义(narrow specialism)，而不在于提出某些正面的要求。因此，在某种程度上，教育质量是与"全面理解"(all-round understanding)这一标准相联系的。

可见，这个有关教育中不同"质量"标准的分类框架，关系到"教育目的"(aims of education)亦即我们有关一个有教养的人的概念。显然，在人生发展的不同阶段，教育与"质量"的某些方面会比与其他方面的关系更大，小学、中学和高等教育的主要"目的"也都与这些重要方面相关。从出生到6岁左右，教育的重点都放在认知情感结构及其相关德性（如准确性（见标准2））的发展上面，以及作为不同认知形式基础的好奇心、建设性、同情心及其他动机的发展与训练（见标准1）。在（大约8岁）获得基本技能以后，可以开始以鼓励精确性和探究精神的方式建立知识体系。当（大约12岁以上）儿童经过了具体的操作性思维阶段以后，就可以继续谋求更为抽象的理解能力的发展（见标准2），并以至少某种认知形式逐渐导向对程序的理解与掌握（参见标准2(c)）。这些事情必须以不会催生狭隘专业主义的方式进行（见标准3）。因此，高等教育中的"质量"所强调的重点，将与初等教育中的"质量"迥然有别。但是，每个教育阶段所强调的"质量"的重点，都势必与前述所概括的一个有教养的人的一般概念相联系。

如果教育管理者关注纯粹基于教育立场的教育改进的可比性问题，那么，许多满足**(a)承认内在价值**、**(b)知识和理解**，以及**(c)"整体性"** 标准的教育质量议题，都将因为"质量"终归是个与最终产品(the end-products)相联系的概念而成为一个令人头疼的问题。由此来看,如果一个教育系统中没有中学以上的学校,而许多高等教育机构隶属另一个教育系统,那么,按理说,后一种教育系统有助于教育质量的提升。同样,如果一个教育系统的教学资源分布得十分零散,以至于很少有人能够在基本技能的获得上取得进步,那么,人们可能就会说这种教育几乎没有任何质量可言。但是,假设有这样三所学校:其中一所学校培养出一些对某个领域矢志不渝而对其他领域相当无知(仅有一点点全面理解)的人,另一所学校培养出一些对某个领域(如科学或古典学)矢志不渝却没有多少常识的专家,第三所学校培养出了一些在某个领域训练有素并对其他领域有全面理解但缺乏离校后继续学习和不断发现之野心的专家,那么,即使是就纯粹的教育方面而言,又如何能够在这三所学校之间进行比较呢?人们基于何种理由才能断言一所专注于古典文学研究的学校,要比专注于科学和数学的学校拥有更高的教育质量呢?显然,如果一所学校能够提供同时满足以上三个主要标准的教育,那么,它的质量就将高于那些仅仅能够满足其中一个或两个标准的学校。但是,如何解决那种涉及不同标准之间判断的可比性问题呢?同样,人们也可能有理由认为,诗歌的质量高于图钉的质量。但是,如何拿诗歌的质量与逻辑的质量相比呢?

不过,这还只是头痛的开始。因为即使是从纯粹教育的标准来看,这也依然是学校和教育系统中的一大难题。此外,我们在考虑"质量"问题时要注意,"质量"在产品意义上是绝对的,而在过程意义上是相对的,这两者之间的区别也带来了另一个问题。现在,我们就转向下面这个问题的讨论。

二、教育程序的过程标准

承上所述,教育中的"质量"概念可以全然按照标准1(对内在价值的承诺)、标准 2(知识和理解)以及标准 3(整体性)来定义,或者可以根据一个教育机构相对录取基准线的发展情况来评判。教育者更感兴趣的或许是后一种意义上的"质量"概念。因此,在解决有关不同教育程序的效率问题时,首先要做的就是参照标准 1、标准 2 和标准 3 去测试招录学生的学业水平。如果随后发现,相对于两所学校的起点,一所学校比另一所学校更接近于那种一个有教养的人的理想,那么,按理说,前者在教育程序方面的质量就高于后者,尽管很难确定这在多大程度上也取决于学校教职员工的学历、性格及其所采用的教学方法,学校当前所使用的激励、惩罚类型与社会控制类型,以及纯粹的物质条件与设备。

21　　假设我们基于教育程序的优势,对教育质量进行校际比较是可行的。然而,如果一所学校录取分数线更高(从一开始就有优势),但教育程序效率更低,那么,就算其产品质量(培养出的学生)更符合有教养的理想(the ideal of being educated),它的教育质量又怎能与教育程序更高效的学校相比呢?

这再次说明,当构成质量评估基础的质量认证标准不一致时,有关"质量"的比较就是不可能的。有人认为,由于教育必然涉及多重标准,因此,教育鲜有进行质量比较的可能性。我们可以说,如果一个教育机构在"教育"的产品或者过程标准方面能够拥有卓越的表现,那么它的教育就是有质量的。不过,鉴于教育标准的多重性,我们通常很难说它有多少质量。

即使学校和制度的产品不符合任何一条上述标准,这些标准也确实能够让我们借此评判学校和制度的质量。例如,斯巴达制度应该更恰当地被描述为一种训练制度(a system of training),而不是一种教育制度(a system of education)。当然,它所培养出来的人都是战争能手,并且深谙军事之道。在斯巴达的鼎盛时期,斯巴达人也都乐于献身于这种斯巴达式的独特生活方式。但是,我们不会称他们为有教养的人(educated men)。因此，我们也不怎么谈论他们的教育制度，因为他们缺乏有教养（being educated）的两个最重要的属性。

首先，正如雅典人非常乐意指出的那样，他们不了解其行为方式背后的基本原则。因此，尽管他们在斯巴达内部和对外的军事行动中表现良好，但是，当他们试图去统治一个殖民地时，他们却一筹莫展。他们无法理解事物的"原因"（the reason why），这也使他们每每成为那些政客、牧师和腐败统治者的牺牲品。其次，尽管他们经受过异常严格的训练，但是，他们缺乏审美意识、人际关系敏感度、历史理解力等。因此，对于像雅典人这样的民族而言，那种备受他们赞誉的"幸福的多面性"（happy versability）或者全面的理解力与胜任力仅仅是一种规定，而且它要比"专业主义"的拥护者柏拉图和伊索克拉特斯（Isocrates）[1]所倡导的专业主义或深入发展更具教育价值。但是，对于像斯巴达人这种在理解上既没有广度也没有深度的民族，我认为，我们简单地说他们没有教养是非常恰当的。我们可以做出这种判断。

同样的判断，也适用于小学低段的儿童或不发达国家的成人，因为那里只有像识字和算术这种基本技能的训练和一种基本的职业训练制度。对后者而言，谈论"教育制度"（educational system）无异于对牛弹琴。为了满足大多数（但并非所有）成人接受职业训练的需要，人们会有意弱化对概念的运用。只有当一个社会发展到某个水平时，即作为一个社会知识存量的某种理论基础先行得到发展，并且开始分化出不同的意识形式的时候，"教育"的概念才能得到恰当的应用。

由于这里所阐述的"教育"概念，有着非常明确而正式的标准，因而它在很大程度上与文化无关。它的内容可能因不同的文明形式而异。但是，对

---

[1] 伊索克拉底（Isocrates，公元前436—公元前338），古代希腊著名的修辞学家、政论家和教育家。——译者注

于那些需要一定理解上的深度和广度的有价值的活动,它所采取的那种作为一般标准的非工具态度,却具有广泛的适用性。从分析的有效性角度来看,这一概念在许多社会都不适用,因为这些社会都将那种纯粹的接受训练(being merely trained)和接受教育(being educated)不加区分地混为一谈。举一个类似的例子:在某个特定的历史阶段,正如科学开始与神话和形而上学区别开来一样,道德也开始作为一种独特的法则(a distinct type of code)与习俗和法律区别开来。事实上,在一些社会中,这种区分并没有发生,他们自己也没有发展出落实这些区分的概念,但是,这并不影响他们有朝一日能够认识到这项概念区分工作的重要性。正如科学在许多社会扎根后,科学家这一概念的重要性并不会局限于任何特定社会一样,有教养的人(an educated man)这一概念,也会以类似的方式自主地发展下去。

第三节　教育机构的外在目标

迄今为止,教育质量问题一直是从那些关心教育改进的教育家的视角来探讨的。然而,在经济学家和政治家等其他人看来,教育家过度重视教育本身而不够关注教育机构的外在目标。他们表示,在国家需要工程师和统计学家的时候,学校培养出一批在古典学或文学领域受过高深教育的专家有什么用处?如果花费同样数额的资金可以培养更多更高质量的国家紧缺的娴熟技工,那么,那些技术训练机构花费大量资源去培养出少数技术专家又有何益呢?当然,可能会有人表示,经验表明,从长远来看,在政府和各种社会行业中,相比一些仅仅受过狭隘训练的人员,那些受过高等教育的人员实际上能够派上更大用场;但是,这样一个有关教育"质量"的论据,仍旧来自于教育的外在目标。同样,人们可以合理地认为,技术训练也能按照培养一个有教养的人的方式进行。一些专注而敏感的工程师，可能要比某些书呆子(scholarly pedants)更像那种有教养的人。不过，这个问题并非当下争论的焦点。

这里所要讨论的问题是，我们目前在中小学和大学里面所看到的那些活动，都是基于不同的参考框架(frame of reference)进行的，而这些不同的价值准则将决定分配给它的质量类型。从社会适用性(social fitness)这一新的视角看，可以说，斯巴达人已经拥有了一套非常契合其国家需要的训练体系(system of training)。这与他们几乎没有任何教育制度(educational system)的情况非常吻合。如果非要说斯巴达的训练体系有什么"质量"的话，那么，其所依据的质量标准，估计将与前述有关"教育"质量的标准大相径庭。这可能关系到斯巴达训练的社会适用性以及与这类目标相关的训练效率。

本章第一部分已经指出，某种事物的某些品质由于其所具有的内在价值或工具价值，可以单独构成该事物的质量概念的基础条件。在本章第二部分中，我们专门探讨教育的内在价值。为此，我们对质量概念的探讨仅限于以下两个方面：(a)有教养概念的产品标准，(b)纯粹与教育发展的效率有关的过程标准。

现在，我们转向基于工具价值来探讨质量概念。尽管将教育本身归诸工具性价值立场并不恰当（这一点我现在就不详述了，因为它与我的论点无关)，但是，学校里面所发生的事情，显然是可以用这种工具性的方式来看待的。正如斯巴达人不关心他们年轻人的文雅(refinement)、敏感度(sensitivity)和理解深度(depth of understanding)，而只关心他们的勇气(courage)、服从性(obedience)和战斗能力(ability to fight)——这些终归都是他们的国体(form of state)所要求的品质(qualities)——那样，一个经济学家可能会将学校与其训练劳动力的能力相联系。他倾向于从训练效率(efficiency of training)的角度来考虑质量问题,而训练效率又关系到某种经济岗位填补。因而,所谓训练效率,也就是拣选合适类型的人员去担任这些职位的效率。当政客们抱怨大学没有响应社会需求时,他们实际上就是从这些外在目标的角度来审视这些教育机构的。从这种外在目标的视角看,如果一个教育机构重视埃及学而不是工程学,那么它的质量就是差的,因为它缺乏工具价值。

当然,可能有人会试图证明,无论是否鼓励埃及学,都必须在工程学上投入大量资金。那些马克思主义者所奉行的真理表明,一个人必须首先吃饱饭,才能去从事更高级的追求。一切社会群体都必须首先掌握谋生所必备的知识和技能。没有这些前提条件,无论提供多大规模的教育供给,最终也都不过是竹篮打水一场空(a pipe-dream)。很难说,这需要什么程度的物质成就。然而,从古代雅典和现代(以色列的)集体农场(kibbutzim)的情形看,经济学家在这个领域的影响力可能是太过强大了。

作为对经济学家的一种比较平庸的回应,有人表示,教育与训练有素的劳动力同样重要。最近,在一个政府委员会上,我听到有人针对音乐在小学的重要性作出了慷慨激昂的呼吁。他们抱怨说,科学和法语因其明显的技术和商业价值而每每受到极大的鼓励,而有关音乐学科的要求却时常因为缺乏工具价值而备受冷遇。当然,这种呼吁,并不是在比较音乐与科学或法语在一个人的教育中所具有的不同"质量"的基础上得出的结论。他们的要求是,不应该仅仅遵从一种参考框架(one frame of reference)来看待学校里发生的事情。那些从工业效率和出口市场角度思考问题的人,不能忽视那种有教养的人的"整体性",审美意识(aesthetic sense)也是其中的一个重要方面。用苏格拉底式的一句话来阐述:值得过的不仅是生活,而且是美好的生活。美好的生活包括科学家和工程师的生活。工程学本身并没有什么"非教育性"(un-educational)。那些看重工程学本身而不是它所产生的成果的人，以及那些对其他诸多事物富有远见卓识的人，都可以在深刻理解的情况下沉迷于工程学。因此，我必须重申，这并不是问题所在。

目前，争论的焦点在于，评估学校活动"质量"的参考框架(the frame of reference)。工程学和埃及学都可以从其所具有的教育价值的视角来看待。从这个角度来看，很难进行一般性的比较；这在很大程度上取决于它们如何被看待及如何被教授。据推测，埃及学可以像拉丁语一样，以一种非常沉闷的方式来教授，由此，其内在价值就会遭到董事会的否决。另一方面，工程学也可以由像莱昂纳多(Leonardo)[1]这样的人来教授。但是，如果要比较二者在一个国家经济发展中的工具价值，那么，毫无疑问，工程学在这个方面质量最高。因此，尽管可以根据其所具有的教育价值或对经济的贡献度来对两者进行比较，但是，如果一方的质量标准源自内在价值的考虑，而另一方则源自外在价值的考虑，那么，要对二者进行质量比较就是不可能的。

当然，即使同时考虑内在性价值与工具性价值是矛盾的，这也并不意味着偏重其中的一个方面就完全是武断的。这在很大程度上取决于一些与社区资源和训练水平相关的情况。显然，在像科学和数学这样的学科追求中，也高度渗透着这两种价值。当然，也可能存在一种类似于享乐主义的古老悖论：如果科学在内在价值方面没有得到过多的教导，那么，它实际上可能就会具有更多的工具价值。但是，问题的关键在于，这些关于价值优先级的决定虽然不是武断的，却也并非基于质量评估做出的决定。正如我所一再强调的那样，质量必须根据一些独特的品质来评估。如果不同的品质并不

---

[1] 莱昂纳多·达·芬奇(Leonardo da Vinci)，意大利文艺复兴时期多才多艺的天才，他在绘画、雕塑、建筑、解剖学、工程学等领域都有卓越的成就。——译者注

隶属同一维度，那么，其可比性问题就无法获得解答。

简言之，人们既可以根据前面概述的不同标准来谈论一个教育机构的教育质量，也可以根据一个机构相对于政治家和经济学家而非教育家设定的外在目标所表现出的效率，来谈论该机构的训练或选拔质量。人们也可以或从教育情况、或参考其所提供的训练和选拔情况，来谈论一个机构的质量。然而，我们所不能做的是，在不明确究竟是作为教育机构还是训练机构来评价其质量的情况下，就对这些机构的总体质量进行比较。

第四节 社会原则与教育机构

这种可比性问题，会因为另一套作为价值依据标准的出现而变得更加复杂。例如，在民主社会中，人们可以询问学校的权力结构，以便了解其权力的合理化程度。学校是否制定了正式规定，为其员工和学生提供充分参与有意义且重大的决策的机会？人们也可能会认为，在教育系统内部，学校本身（尤其是校长）应当拥有一定程度的决定有关自身教育目标诸事项的自主权。那么，学校成员可能就会提出有关公平和自由方面的诉求。问题是，学校是否认识到这些是不同类型的价值诉求，进而能够通过各种各样的途径确认这些诉求的合理性，并为人们的平等诉求给出具体的落实方案呢？学校的课程是否正式允许学生做出多样性的选择，并给学生预留一些自由裁量的空间，从而确保承诺给学生的某种程度的自由能够实现？如果没有这类正式的规定，那么所谓"机会平等"和"个体的自我实现"的民主理想，都不过是一些空洞的废话而已。

当然，从其教育价值的角度来看，这些道德原则可能会影响学生道德态度的发展，而这也应该是一个有教养的人所特有的一种理解问题的方式。

例如,一个人学习公平的一个必要条件可能是,他在一个将公平作为主导分配原则的机构中长大。但是,这些原则本身之所以也被视为有价值的,是因为它们乃是落实民主社会基本原则的运行体制(institutional implementations)。但是,坚持这些与教育的分配和组织有关的原则,不仅未必能提高那种由纯粹的教育标准所估计的教育质量,而且也未必会促进有关训练和选拔等外在目标的达成。相反,遵守这些原则,有时还会明显影响教育机构在训练和选拔方面的效率。例如,在一所女子学校,就很少有人能够说服女生去学习科学。这个国家可能需要语言学家、化学家和统计学家,但是,如果大多数女生坚定地倾向于在音乐、烹饪和文学领域"实现自我",那么,一个国家如果做出了自由和平等的承诺,那又怎么能够不顾这些女生的要求呢?正如迈克尔·扬(Michael Young)在讨论有关"教育与平等"问题的书[1]中所述,只有当一个共同体(a)反对教育,(b)忽视自由、平等和对人的尊重,以及(c)将"生产力"作为压倒一切的外在目标,并将中小学和大学的一切都与此挂钩时,人们才能对其做出明确的定性比较。

显然,在某种理解方式看来,坚持自由和平等原则,也可能会对产品和过程意义上的教育质量产生不利影响(见第六节)。可能有人会认为,一个包含对平等原则做出特定解释的全面制度,从长远来看可能会导致产品质量的下降。另一方面,可能有人认为,尽管按照产品取向的标准少有学生达到高分,但是,学生的平均达标率也是比较高的。如果在一种教育制度中,10%的学生达到了非常高的标准,其余的学生达到非常低的标准,而在另一种教育制度中,学生的达标情况更多地呈正态曲线分布,那么,应该如何就此去比较二者的质量呢?可以说,第二种教育制度更公平,或者说它允许学

---

[1] Michael Young, *The Rise of the Meritocracy: 1870 - 2033*, London, Thames & Hudson, 1958.

生享有更多的自由。不过,这并不等于说,这种教育制度的质量就比另一种教育制度的质量更高。

与教育程序有关的标准,也可以提出同样的观点。例如,一所学校可能会将其资源集中用于提升那些非常迟钝的孩子,相对而言,其他孩子则让他们自己照顾自己。对那些比较聪明的孩子来说,这可能是不公平的,因为与那些比较迟钝的孩子相比,他们的相对进步并不理想。可是,这样一所学校在教育程序方面的质量,怎么能够与另一所给所有学生带来平庸进步的学校相比呢?除了之前已经明确的原则,这种组织和分配原则尚未被引入质量标准;它们为决策引入了不同于构成质量基础的规范性考虑。

另一方面,人们对公平的要求,有时似乎是乌托邦式的。例如,假设初等教育(primary education)被引入一个资源非常有限的不发达的社会。众所周知,无论构成这个学段的产品"质量"的内容有什么不同,其教育程序方面的"质量",都将取决于诸如学校的正常出勤率、班级规模、上课时间、教师的知识和技能等一系列条件。如果在资源非常有限的情况下,学生所获得的"教育"分配太少,那就意味着他们几乎得不到任何有价值的东西。因此,有理由认为,在这种情况下,人们不会有什么强烈的公平诉求。如果一个社会将资源集中在某一所大学的发展上,而不是集中在几所大学的开发上,那么,它也可能会遭遇类似的公平问题。除非到了不把能够发展出不同知识形式的教师集中到一处,这一层次的教育就无法开展的地步,这种主张才有合理性。如果把这些教师分散在多个社会知名度较低的教育机构,那么,其教育质量将会非常差,以至于人们根本无法将其看作是一种大学教育。因此,出于公平或对某种劳动力需求的考虑而坚持教育扩张,可能会对所有具备社会所需能力的人产生不利的影响。

在这种情况下,无论强调什么样的质量标准,坚持公平原则可能与任何有质量（无论强调何种质量标准）的产品都是不相容的。这种情形，与那种坚持平等原则就可能意味着质量下降的情况迥然不同。举个类似的例子：某种药物在很小剂量下的分布可能会对许多患有某种疾病的人产生微弱影响；但是，如果将其集中在10%的病例上，他们可能就会被治愈。在这种情况下，坚持公平是否还是一种合理的决策呢？许多无差别的教育扩张要求，可能就是基于这种公平或国家需要的考虑提出的。他们也忽视了拥有一些高质量教育机构所能带来的乘数效应（the multiplier effect）[1]。

至此，我以公平和自由为例，说明了我关于将社会原则纳入教育质量讨论的观点。但是，采用诸如此类的其他社会原则，也可以得出同样的结论。例如，英国公立学校对"社会融合"（social integration）的广泛需求，显然与其他质量标准不一致。不过，我认为这里已经没有必要对它再加阐述了。

第五节　质量分析对行政决策的影响

现在已经有足够多的证据表明，在教育决策中，要充分考虑"质量"所涉及的各种复杂情况。有人认为：(a)如果纯粹基于教育的立场来做"质量"评估，那么，就很难对两个机构的教育"质量"进行比较，因为不仅教育必然涉及多种标准，而且"质量"也必须根据这些标准来确定；(b)尽管人们可以从有关社会需求的外部目标（如受过相关训练的劳动力）来看待教育的机构和制度，而且这也的确为教育提供了另一种"质量"标准，但它可能与严格意义上的教育标准相冲突；(c)教育存在这样一种要求，即教育机构在其组织和

---

[1] 乘数效应（the multiplier effect），经济学名词。在经济学中，它更完整地说是支收/收入乘数效应，是宏观经济学的一个概念，指支出的变化导致经济总需求与其不成比例的变化，即以乘数加速度方式引起最终量的增加。——译者注

有价值事物的分配方面,应当体现其所在社会的基本社会原则。尽管这些社会原则为评价工作提供了不同的价值基础(要么是内在价值,要么是工具价值),而这些价值基础却可能与构成"质量"的基础要素相冲突。

如果有人以教育"质量"可能受到不良影响为由,对教育的扩展或重组计划提出异议,那么,这一分析结果就能发挥重要的警示作用。尽管它所传递的确定信息很少,而且可能会招致误解,但它可能也言简意赅地表达了某种十分确当的观点。如果有人坚持认为,一旦把一把刀具放在雨中或放在火上,它的质量就会恶化,那么,人们基本上就没有误解质量的含义。因为分配给这把刀具的"质量",乃是诸如硬度和锋利度等有限的和确定的属性。但是,教育与刀具是如此的不同,以至于"质量"概念所传达的那种确定性的内涵,对人们理解教育"质量"产生了高度的误导性。最好是说,教育会变得更糟。不过,这可能又会立刻引发适当的追问:"在哪些方面?你是说它缺乏深度还是缺乏广度?抑或是缺乏内在动机?"进而,这些问题必须与诸如"社交过剩""经济无涉""不太公平""专制主义"或"缺乏自由"等价值判断一并考虑。然后,管理人员必须根据他们所面临的实际情况、他们可支配的资源、他们所承受的压力,以及他们所做的各种估价的重要程度,来决定要做什么。事实就是这样。笼统地谈论"质量",可能掩盖了其所涉及的决策的复杂性,事实上,没有人会直接根据数据测算来做决策。

最后一点:和政治决策一样,教育决策所涉及的也必然不仅仅是道德上的考虑,而且还涉及到对不同道德原则相对权重的判断。有关"质量"的判断,遵从"扬善"(the promotion of what is good)的一般原则。然而,正如上述已经表明的那样,这不仅涉及"质量"的多重标准,而且势必要在它们发生冲突的情况下做出判断;因为如果要将埃及学作为一门专门学科与那种没有多少深度的全面教育相比较,那就无法计算它的价值。在这两种情况下,有关质量的权衡,就不得不遵从有利于共同利益的更一般原则。[1] 一如必须在排水沟、道路、医院与图片和音乐会之间进行比较。在教育背景下,这意味着必须根据严格意义上的教育要求,来权衡那些有关必要的公共技能的训练和选拔的主张。其结果又会怎样呢?

到目前为止,上述价值判断都属于"扬善"(the promotion of what is good)领域,尽管这一领域存在多重标准。但是,除了对这一原则的考虑,还有对正义、自由和尊重等原则的考虑。简洁起见,以上我主要讨论了那些属于正义范畴的价值原则。但是,对于其他一些可能存在彼此对立关系的价值原则,也可以提出同样的观点。例如,英国的"私立学校"(independent school)问题,就很好地表明公平、自由和促进教育"质量"诸价值之间存在冲突。

莱布尼茨(Leibniz)[2] 曾将理性主义者的乌托邦梦想付诸实践。当时他建议,理性主义者在面对道德问题时,或许可以拿着铅笔和纸围坐在桌子旁对彼此说:"让我们计算一下吧。"边沁(Bentham)[3] 则试图用他的享乐主义微积分(hedonistic calculus)来实现这样一个梦想。但是,众所周知,不同的"善"也存在"质的差异",应该促进何种善呢?他遇到了这个难题。对此,他提出"促进善就等于促进幸福"的假设,但这个假设很可疑,他还提出"公平

---

[1] See R. S. Peters, *Ethics and Education*, London, Allen & Unwin, 1966, chapters Ⅴ and Ⅵ.

[2] 戈特弗里德·威廉·莱布尼茨(Gottfried Wilhelm Leibniz, 1646—1716),德国数学家、哲学家。在数学上,他和艾萨克·牛顿先后独立发现了微积分,莱布尼茨所发明的符号被普遍认为更综合、适用范围更加广泛。莱布尼茨还发现并完善了二进制。在哲学上,他在预见现代逻辑学和分析哲学诞生的同时,也显然深受经院哲学传统的影响,更多地应用第一性原理或先验定义,而不是实验证据来推导以得到结论。与笛卡尔、斯宾诺莎并称17世纪三位最伟大的理性主义哲学家。——译者注

[3] 杰里米·边沁(Jeremy Bentham, 1748—1832),英国法理学家、哲学家、经济学家和社会改革者,被公认为英国伦敦大学学院的"精神之父"。1823年,曾与詹姆士·穆勒创立《威斯敏特评论》期刊,代表作品有《政府片论》《道德与立法原理引论》,提出并阐释了功利主义的两个基本原理:其一是功利原理和最大幸福原理,其二是自利选择原理。——译者注

是否应当作为分配原则取决于其是否带来幸福的结果"——但是,无论是前一种假设,还是后一种论点,都没能很好地解决"善存在质的差异"这个难题。

一旦放弃柏拉图式的预言家们对什么是好和公正的清晰认识,或者否认一些可以由专家来计算的总体上的好(如幸福)的存在,那么,政治和教育决策就势必会成为一个价值判断问题而非计算问题,一个权衡各种主张紧迫性的问题而非纯粹的技术决策问题。据推测,作为一种政府形式的民主是建立在这样一个前提条件之上的,即不存在道德上的"权威",政治决策主要是判断问题,而不是计算问题。对于此类问题,唯一合理的举措是,厘清各种代表性的主张和利益,并通过调整和讨论寻求某种"解决方案"。

当然,这并不否认,一旦证明了专业知识和计算的相关性(属于所涉及的一项或另一项原则),它就具有非常重要的地位。它不仅可以用于粗略预测替代政策的后果,还可以用于粗略估计实施这些政策的成本,并对给定资源提出可行的限制性建议。这在某种程度上是显而易见的。有关这些专业知识在教育领域(尤其是在"质量"问题上)的具体应用方式,我将留给参加本次研讨会的相关专家来阐述。

(联合国教科文组织,1969)

第三章　自由教育的歧义性及其内容问题[1]

如果现在要为教育中的某些独特价值观辩护，我怀疑是否有人会扛起"自由教育"（liberal education）的旗帜表明自己的立场。这个词本身意味着19世纪的甜蜜与光明，而不是20世纪的"相关性"（relevance）和"有效性"（validity）。众所周知，自由主义政策也缺乏激进派的建设性优势（the positive cutting edge）和保守派的防御性团结（the defensive solidarity）。尽管如此，虽然自由主义这个词本身并不特别流行，但其背后的理念却很流行；因为当代的抱怨是要反对任何形式的束缚，而自由教育（liberal education）背后的统一理念在于谋求心灵（mind）不受阻碍和不受束缚地发展。因此，无论人们如何看待这个词组，这个概念都具有非同凡响的当代意义。

这个词组的一个更为根本性的困难在于，它存在着普遍的地方歧义性。正如我之前所说[2]，"社会自由"（liberal）一词的语义类似于"个人自由"（free），因为它意味着消除各种类型的束缚。如果明确的沟通被认为是可取

1　我要感谢保罗·赫斯特（Paul Hirst），他所提出的富有建设性的批评意见帮助我修改了本文的初稿。
2　See R. S. Peters, *Ethics and Education*, London, Allen & Unwin, 1966, pp. 43–5.

的,那么准确地说明被束缚的价值就也是有必要的。因此,对自由教育(liberal education)的诉求,必然存在着内在的歧义性。同样,当人们提出"自由学校"(free school)的要求时,必须进一步询问他们所信奉学校职能是什么:是课程、教学方法、学校组织?还是应对外部压力?这些都是束缚学校职能的因素。

然而,对自由教育的所有解释都有一个共同点,那就是对知识和理解的重视。人们认为,各种各样的束缚,阻碍了心灵(mind)对知识和理解的诉求。但正是在这一点上,歧义最为明显;因为人们不清楚心灵所要寻求的是何种类型的知识。事实上,正如我接下来将要指出的那样,这个问题倾向于把那些在中小学习得(acquiring)知识的学生,与那些在大学里推进(advancing)知识进步的学者混为一谈。

第一节 自由教育的三种解读

"自由教育"的歧义性也反映在学术界的民间传说中。当一位导师询问一位牛津大学奖学金的获得者为什么要上牛津大学时,这位学生回答道:"先生,我想从自由教育(liberal education)中受益。"导师又问:"你有什么期盼?"那位有志向的学者回答说:"这就是我来这里所期盼收获的东西。"如果他获得了奖学金并学习了古典文学,那么他很快就会发现,这种自由教育的观念是由希腊人引入的。这种观念认为,教育是一个心灵(mind)朝向知识和理解的发展过程,并且,在这一过程中,心灵不会受到职业或功利目的的阻碍。人们必须为"知识本身"而求知,而不得将求知视为达成其他目的的工具。这是对自由教育的第一种解读。在技术训练和工业技术迅速发展的背景下,它得到了马修·阿诺德（Matthew Arnold）[1]和红衣主教纽曼（Cardinal Newman）[2]等19世纪思想家的大力支持。作为大学教育（university education）的一个典型特征，它至今仍然具有很大的影响力。

对自由教育的第二种解释，是反对把心灵局限于某一个学科或某一种理解形式。纽曼（Newman）的全面发展概念（concept of all-round development），在很大程度上是对19世纪日益加剧的知识专业化（specialization）和条块分割化（compartmentalization）做出的一种回应。如今，无论如何，中小学阶段的自由教育（liberal education），与那种区别于专业化训练（specialized training）的普通教育（general education）的诉求，基本上是一致的。在保罗·赫斯特（Paul Hirst）[3]旨在引领（initiation）学生进入一切知识形式的自由教育概念中，这一诉求得到了很好的体现。[4]

对自由教育的第三种解释，关系到那种教条主义的教学方法（dogmatic methods of teaching）对心灵的束缚。在这个方面，一个明显例子就是灌输（indoctrination）。在灌输式教学中，一种固定的信仰体系，以既不鼓励批

---

[1] 马修·阿诺德（Matthew Arnold, 1822—1888），19世纪英国著名的诗人、评论家，曾任英国拉格比公学校长、牛津大学诗学教授。主张诗要反映时代的要求，须有追求道德和智力上的"解放"精神。其诗歌和评论对时弊很敏感，并能做出理性的评判。代表作品有《文化与无政府主义》等。——译者注

[2] 亨利·纽曼（John Henry Newman, 1801—1890），19世纪英国教会牛津运动的重要人物，原为圣公会的牧师，后于1845年皈依罗马天主教，并成为一位天主教神父。他带领被新教同化了的英国教会重拾大公教会的源头与核心价值，重整短暂失落了的礼仪、体制、神学，并勇于讨论许多有关宗教信仰的理性、情感、想象力与信仰的关系问题，虽然他知道人的智力有极限，但他仍勇敢地为理智辩护。——译者注

[3] 保罗·赫斯特（Paul H. Hirst, 1927—2020），是与本书作者理查德·斯坦利·彼得斯（Richard Stanley Peters）齐名的伦敦教育哲学学院的联合创始人之一，先后在牛津大学、伦敦大学和剑桥大学从事教育哲学的研究和教学。他与彼得斯等伦敦学派的同仁一道，将分析哲学（尤其是概念分析）的学术传统引入教育研究。代表作品《自由教育与知识的性质》（Liberal Education and the Nature of Knowledge）。——译者注

[4] See P. H. Hirst, 'Liberal Education and the Nature of Knowledge', most easily available as reprinted in R. S. Peters (ed.), *The Philosophy of Education*, Oxford University Press, 1973, pp. 87–111.

评、也不鼓励探索信仰之基础的方式被植入心灵。另一个例子是专制主义（authoritarianism）。在专制主义的教学中，教师的武断行为和教师维护与展现自身权威形象的需要，会阻碍个体推理能力（the reasoning capacity）的发展。

当然这三种诉求，并不必然彼此一致。例如，自由教育的热情倡导者玛丽·沃诺克（Mary Warnock）就主张，学生要为知识本身而学习。在她看来，这是教育质量的显著标志之一。但是，她反对普通教育，因为她认为普通教育在提高质量方面是适得其反的。[1] 继纽曼之后，天主教教育家通常也都是支持心灵的全面发展的；不过，他们倒不是因为谴责专制主义的教学方法才变得臭名昭著。另一方面，一些像杜威（Dewey）[2]这样的进步方法的倡导者，并不拥护为知识本身而求知的主张；相反，在他们看来，这种主张从属于他们所谓实际问题解决（practical problem-solving）的主张。当然，追问哪一种才是对自由教育的真实解释，纯粹不过是为了争夺一个荣誉头衔罢了。

在区分了有关"自由教育"的三种解释之后，我现在建议，对每一种解释进行更详细的考察，以便使在各种对"自由教育"的解释中受到束缚的积极价值变得清楚明确起来，并指出心灵所应该自由追求的知识类型。

---

[1] See Mary Warnock, 'Towards a Definition of Quality in Education' in R. S. Peters (ed.), *The Philosophy of Education*, Oxford University Press, 1973, pp. 112 - 22.

[2] 约翰·杜威（John Dewey, 1859—1952），美国著名哲学家、教育家、心理学家、实用主义的集大成者、也是机能主义心理学和现代教育学的创始人之一。如果说皮尔士创立了实用主义的方法，威廉·詹姆斯建立了实用主义的真理观，那么，杜威则建造了实用主义的理论大厦，并使实用主义成为美国特有的文化现象。他一生推崇民主制度，强调科学和民主的互补性，主要代表作有《自由与文化》《哲学的改造》《确定性的寻求》《经验与自然》《民主与教育——教育哲学导论》《学校与社会》《儿童与教材》《明日之学校》等。——译者注

第二节　自由教育即知识本身

在第一种解释中,人们反对为了追求实用性和职业性而限制教育。例如,人们发现几何学在制定灌溉计划方面非常有用;但是,在并不施加实用目的束缚的情况下,人们也可以开展有关几何学的研究。事实上,在柏拉图看来,有关自由教育原则的理解对于心灵的发展至关重要,因而它也是教育中的一个关键要素。居于这一经典的自由教育概念背后的那种积极理念是:人的本质在于理性,而最高的理性形式是理论追求(theoretical pursuits)。在他看来,教育乃是鼓励一个人通过最大限度地运用理性而发展成为一个完整的人(being fully a man)的过程。

在自由教育概念的演化过程中,这种宣称为"知识本身"而求知的谋求心灵"自然"(natural)发展的知识观,与那种为功利或职业目的而求知的知识观形成了鲜明对比。它意味着,研究的原因乃是研究本身所固有的一部分,它有别于研究所可能带来的某些好处。用一种世俗的方式来表述即,这个人是出于好奇或兴趣才做这件事情的;或者用一种更为柏拉图式的方式来说,即人经由理性形式才能掌握原理、发现事实,正是这种对理性的热望驱动着人做这件事。又或者,用一种更具规范性的解释来讲,他之所以这么做是出于消除错误和发现真相的需要。最后,这种探究可以被表征为一种谋求知识精通的形式,一种兼具享受性和挑战性的探险。所有这些追求知识的理由都有一个共同点,那就是它们是人们追求知识的内在原因,因而也是心灵不受束缚发展的决定性因素。由此,它们也与那种束缚和限制心灵发展的实用目的形成了鲜明对比。

在希腊思想中,由于人们认为那种与地球物质混合在一起的实用性知识(practical knowledge)会使人的灵魂受损而使人沦为"智力匮乏的劳工"（βαναυσικος）[1]，因此，当时受到推崇的是一种为知识本身而追求知识的理想。尽管那种展现于道德和政治领域的实用性知识没有遭到同样的贬低，但是，由于缺乏理论知识所具有那种纯粹而不受阻碍的特征，它也被视为一种没有多大价值的知识。由于美术具有典型的"制作性"(making)特征，迥然有别于知识产品所具有的形而上学地位，因而也被视为一种次等知识形式。结果，始终坚持将理论追求作为自由教育的育人范式，并由此贬低实用性知识的等级，成了一种经久不衰且极富影响力的教育传统。例如，在大学里，医学、工程和教育学部门，就不像艺术和科学部门那样受人尊敬。其中的原因是复杂的，但是，其中一个原因仍然是因为它们与世俗的实践问题密切相关。

在这篇文章中，我无意颂扬理论性知识或实用性知识的优点，更不用说讨论希腊人基于人的职能与本质来强调理论重要性的论点了。然而，对于人们所关注的实用性目的，也不需要做出什么特别的限制。尽管弗洛伊德的基本关切是要治愈他的病人，但是，他对病人的心灵世界还是会做出非常广泛的推测。教育问题的解决，需要以一种跨界的方式深入研究心理学、哲学和社会科学。探究源于问题(Enquiries spring from problems)。某些类型的实践问题需要进行广泛的探究，而其他类型的实践问题则不然。理论问题也是如此。

我认为，重要的区别在于，在实践探究(practical enquiries)中，人们并不是为了"知识本身"而追求知识的。那些医学专业的学生不太可能因为兴

---

[1] 在这里，彼得斯使用的希腊语 βαναυσικος 的基本含义是指"工匠的技艺"，其希腊语的形容词 banausikos 乃是英语 banausic(表示"仅以实用为目的的；机械的")的词根。在希腊语中，它与通常的技艺(texhne)相区分时，时常特指"粗等技艺"。鉴于作者在此处意在表达当时希腊人对那种"非智力的工匠劳动"的偏见，这里结合语境将其译作"智力匮乏的劳工"。——译者注

趣或好奇心而去学习生理学,他们之所以学习生理学乃是因为他们意识到这类知识是治疗病人所必需的。然而,很难理解,在缺乏像希腊功能学说(the Greek doctrine of function)[1]这样一种专业伦理理论的情况下,为什么人们会认为此种探究就没有什么价值呢?毕竟,对于消除痛苦和维护安全等实用目的来说,这肯定是有价值的。此外,人们在理论探究(theoretical enquiries)中所必须奉行的价值观、必须避免错误的要求,以及由此派生而来的诸如一致性、连贯性和清晰性等德性,对实践探究也具有同样的约束力。事实上,如果实践探究的结果,部分地取决于那些支持性信念的真实性,那么,这些理论探究所必备的德性就显得更加重要了。要不然,错误的诊断,就有可能导致医生做出致人死亡的治疗方案。当然,我并不是说,非得从后果的角度才能为这种旨在发现真相的实践美德做出辩护,抑或只有后果才能为实践赋予某种额外的价值。而且,我也不清楚,相比那种纯粹出于兴趣或好奇而进行的理论探究,为什么人们会如此轻视这些实践探究的严谨性。

然而,我必须坚定我的决心,不参与关于自由教育价值的辩论,并努力澄清这些有关自由教育的解释所接纳和拒斥的内容。这个决心很难下定;因为那种有关"为了知识本身的知识"和"为了实用目的的知识"的二分法实在是太过粗糙了,以至于它根本无法说明学习者对待知识的态度。然而,事实上,正如我后面所要讨论的那样,尽管这种区分的确是在知识进步的背景下形成的,但它常常会由此改变学习者对待知识的态度。

---

[1] 在古希腊,亚里士多德引进"功能论证"(function argument),即要想知道人类的善是什么,首要的是确定人的功能是什么。这种功能论的思维是根据他对自然界的观察而来。对每个具有功能的东西而言,它的善取决于其功能的发挥。——译者注

一、为了实用目的的知识

第一个难题是探讨有关"为了实用目的的知识",因为这种知识描述形式掩盖了人们到中小学和大学等教育机构学习的动机所存在的迥异的结构性差别。一个典型的例子是,一个想要成为工具制造匠的男孩在学校里练习车床或磨坊加工,另一个想要给人治病的医科生在大学里学习解剖学。在这两种情况下,学生所获得的知识和技能对于其实践活动都是必不可少的,并且其实践活动可能也没有什么附加目的(further ends):这个男孩可能只是想制造工具,那个学生可能只是非常想要减轻病人的痛苦。他们可能从来都没想过要从有关物质奖酬、客户认可、社会地位等方面获得回报。另一方面,这些附加目的可能会对他们产生强烈的吸引力,并影响他们在学习和其他实践活动中的表现。这些附加目的,也可能影响到科学家所从事的那种纯粹的研究活动;因为这些附加目的可能会使他变成一个具有"双重思想"(double-minded)的人:他不仅会把自己的声誉看得比对真理的追求更重要(至少是把自己的声誉看得和对真理的追求一样重要),而且他的研究也会受到这种自恋倾向(narcissistic ambition)的驱使。

这些附加目的,在学校的学习活动中极其重要;因为就在校学习的现状而言,学生往往是为了获得奖励、比别人做得更好、避免惩罚、赢得名次、获得认可和通过考试而学习,这些通常也都被视为他们日后在社会上获取财富和地位的先决条件。与工具制造匠只对制造工具感兴趣或医学生只关心病人的痛苦相比,这种附加目的具有以下两个特征:其一,贪婪、嫉妒、担心不被认可和志向等动机,会成为影响学习活动变化的外在目的。一个学生可能会为了比竞争对手做得更好而作弊;如果他想避免老师的否决,他可能就要掌握足够多的东西来通过考试。相比之下,这个学生的认真和努力并不是由学习任务的内在性质决定的,而那个医学生所做的工作则都是由有关他所关心的缓解病人痛苦这一目的决定的。在理想情况下,他会照顾病人,因为他关心病人的痛苦。同样,那个工具制造匠也可能会为他所习得并珍爱的诸如精细、准确和整洁等价值而感动。由此可见,学习动机并不那么依赖于外部和可变的人际关系与制度性因素。其二,人们所获得的这些服务于外在目的的知识,既不是达成这些外在目的的必要手段,也不是这些外在目的的基本内容。学生可以为了超越其竞争对手或取悦老师而学习几何学。不过,他也完全可以采取其他方法来达到这一目的,因为他的几何知识并不是令他感到满足的支配因素。对他而言,重要的是好的分数和老师的笑脸,而不是有关欧几里得(Euclid)[1]的知识。然而,在其他情况下,如果没有这些知识和技能,就根本无法实现目标。除非掌握了车床和磨坊加工的技术,否则没有人能够享受到制造工具的乐趣。可见,相关知识和技能的运用,也是获得满足感的核心要素,因为没有相关的知识和技能,人们就无法达成诸如治愈病人或完善工具等"目的"(ends)。

由于"为了知识本身的知识"和"为了实用目的的知识"之间的区别太过粗糙,人们无法区分追求实用目的的各种不同方式。即使做了这样的区分,也是远远不够的;因为无论是理论活动还是实践活动,都既可以"为他们自身着想",也可以被志向、嫉妒和贪婪等无所不在的动机感染。现在,许多人认为,这些外在动机对人们一般生活和学习活动造成了最严重的腐蚀。由于这些动机在我们的学校系统中非常具有影响力,因此,可以说,由于这种有关"为知识本身而学习"和"为实用目的而学习"的二分法实在是太过粗糙

---

[1] 欧几里得(Euclid,希腊文:Ευκλειδης,公元前330—公元前275),古希腊数学家,被称为"几何之父"。他在其代表作《几何原本》中提出的五大公设奠定了欧洲数学的基础,《几何原本》本身被广泛认作历史上最成功的教科书。——译者注

了,以至于它根本就没有对二者做出关键性的区分,因而它也无助于为"自由教育"提供解释。事实上,与理论活动所提供的诸如好奇心、实事求是等目的相比,这些有关志向、贪婪、嫉妒的附加目的会被看作是具有"实用性"的。这种二分法确实具有误导性,因为它倾向于将实用性与那种纯粹的工具性混为一谈。

还有一点是,这种"目的"往往以一种过于理性的方式表现出来。很多时候,学习都是在人们对某种可欲的事物怀有一种内隐期望的情况下发生的。但是,在这种情况下,学习并没有被自觉地当作实现这种内隐期望的手段。儿童在模仿长辈或是接受长辈的某些观点或态度时,并不是故意地寻求他们长辈的认可或奖励。他们可能会仰慕某些长辈;他们可能会对感兴趣的事物投注热情;他们可能会担心错过某些事物,或是害怕自己不符合标准。但是,他们显然不是为了这种"实用目的"才去学习的。

因此,在将有关"为了知识本身的知识"和"为了实用目的的知识"的二分法应用到学习情境时,它所提供的任何一种备选方案都存在不足之处。因为事实表明,这种"实用目的的知识"掩盖了二者之间存在的一些关键性区别。

二、为了知识本身的知识

不过,那个"为了知识本身的知识"的备选方案也有不足之处。它可能会将学习的各种动机都排除出去;但是,它所遵循的价值原则又是什么呢?显然,人们完全可以出于好奇或是因为兴趣、新奇或是材料的迷惑性特征而学习。但是,这些是人们为实用目的而学习的唯一选择吗?

假设一个人在思考他的朋友待他粗鲁的原因:他担心是因为自己的偏见与刻薄,或者是因为自己是否爱国、是否对大海或死亡感到敬畏。假设他在这种不安的情绪下,进入了心理学、伦理学、政治学和宗教领域的研究。在这种情况下,他是为了知识本身而追求知识吗?诸如"知识本身"和好奇心等观念意味着,秉持一种过于超然和无私的立场,根本无法使他公正地对待他所关心的那些问题。另一方面,对这些问题的回答,显然与他所要采取的任何特定的行动方式或者他所要实现的附加目的无关,因为它们都是对由他个人的理解水平与敏感程度所决定的一般信念和态度的应用。他如何看待自然界中的物体以及诸如黑暗、雷电、潮汐、时间和季节变化等现象?他如何看待其他人以及他们对待他和对待彼此的反应?他应该如何看待自己和所有权问题?他如何看待出生、婚姻和死亡的循环?他会对权威、痛苦和暴力做出何种反应?这些问题源于人类生活的一般条件。对这些问题的回答方式,反映了一种有关信念和态度的总体认知框架。人们所寻求的特定目的以及所产生的特定困惑,都是出于这个框架。这种实践和理论上的追求,往往会给框架内部带来变革。但是,我们既不能将这个框架本身纯粹看作是人们为了知识本身的产物,也不能将它纯粹看作为了某种外在的实用目的而求知的产物。

三、知识的进步

在很大程度上,这些范畴反映了文明社会为谋求知识进步而建立专门机构的情况。那些专门机构中的人们之所以要推动知识的进步,要么是为了自身的利益,要么是为了让人们做好职前准备,要么是为了解决共同体中的实际问题。因此,他们会倾向于将人们通过受教育而习得知识的情况,等同于他们自己的情况,并将两种人归为一类。也就是说,他们认为人们与他们一样,有能力推动知识的进步。因此,他们会就以下问题展开争论:究竟是应该鼓励学生为了学科的内在兴趣而学习,还是应该为做好工作准备而学习,抑或是应该为将来生活中用得上的某种实用技能而学习?他们将把这些自己看待知识获取方式的态度,传递给他们的学生,而这些学生又是学校将来所要招录的教师。人们往往容易忽视的是有关信念与态度的培养,这有助于一个人理解他在应对各种不可避免的困境时所应采取的立场。

在谈到一门学科的教育价值时,玛丽·沃诺克(Mary Warnock)[1]等大学教师都强调要享受学习活动本身给自己带来的乐趣,并且要能够不断享受这种乐趣。毫无疑问,我们在诸如烹饪、园艺和木工等一系列活动中都可以体验到这种乐趣,这不是诸如历史或地理这样的学科活动所特有的。同样,正如她所正确指出的那样,这也不是那些以这种方式工作于许多研究领域的人们所独有的典型特征,他们可能一直都只是为了自己的乐趣而去发现事物的。如果这些学科能够为一个人所可能问到的关于世界和人类生活的问题提供各种各样的答案,那么,我们又该如何向他介绍这些人类文明遗产呢?玛丽·沃诺克更倾向于从潜在研究工作者的角度来看待这些学科;可是,一个同样重要的教育问题是:如何才能让绝大多数永远不会通过自身活动来改变这些学习结果的人们,认识到这些学习结果的重要价值呢?一个不能从历史维度认识当前社会问题的人,其所受到的教育是糟糕的;可是,他是否非得像历史学家一样开展系统的研究工作后才能养成这样的历史意识呢?这种知识使一个人能够更好地了解他度假所在城镇的布局、鉴赏当地岩石与河流的特征、抑或思考当地居民的风俗习惯,而未必是他专门从事某种历史、地理或人类学方面研究的结果。但是,这在很大程度上却是一个人是否有教养的标志。他究竟是为了知识本身而获得这种知识,还是为了达到某种实用目的而获得这种知识呢?也许,这只是部分答案。而另

---

1 See Mary Warnock, 'Towards a Definition of Quality in Education' in R. S. Peters (ed.), *The Philosophy of Education*, Oxford University Press, 1973, pp.112 – 22.

一种可能则是,他之所以记取这种知识,仅仅是出于他对有关自身生活环境价值评估的关切,抑或他只是碰巧从一个喝了一瓶啤酒的健谈朋友那里听说了这种知识。

简言之,我的观点是,对于一个知识体系而言,人们存在各种不同程度的理解方式,这对一个人而言是极为重要和"中肯的"(relevant),因为这决定了他对人类生活普遍条件的一般信念、态度和反应。一个人未必是为了知识本身而求知,因为他既可能出于兴趣或纯粹的好奇而深入研究一个领域,也可能是为了某种实用目的而求知。在第一种解释中,自由教育往往被等同于一个学者追求他所热爱的学科立场。这类活动具有重大价值,因为它不仅涉及掌握知识的乐趣和发现知识的冒险,还包含着诸如头脑清晰、谦逊和公正等理智德性。但是,并非我们所有的信仰都是通过这种活动获得的,许多人根本就志不在此。因此,他们常常抱怨说,学习是无关紧要的事情,并且,他们只有在看到回报的情况下才愿意努力学习。然而,如果这种知识和理解能够更多地关切人本身的生活需要,并且以更富想象力的方式呈现给他们,那么,他们对待学习的态度可能就会有所不同。

有太多的人们都倾向于认为,动机只是个体为自身进入学习情境准备的一堆兴趣或需求。事实上,动机既是他在学习情境中认识自我的产物,也是他给学习情境带来的内容。如果一所学校致力于为人们提供确定其职业起点的资格等级,那么,无论教师如何努力以不同的方式呈现学习,学生都会接受这一外在激励信息。当然,有天赋的教师可能会唤起少数人以不同的态度对待学习。在其他情况下,一旦学科内容本身开始发挥作用,那种由此引发的兴趣可能就会强化学生通过考试的愿望。但是,大多数人可能还不了解这种非工具性的学习态度,他们的学习只是为了满足教育制度的要求。

四、有教养的心灵状态

有一个问题：那些在第一种解释中谈论"自由教育"的人们所主要关心的，是否就是那种作为教育"过程"特征的学习动机呢？然而，他们更关心的恐怕是"产品"的心灵状态。例如，一个人可能因为认识到数学的实用价值而去学习数学，但是，他对数学可能会逐渐呈现出一种俗话所谓"上瘾"（hooked）的心灵状态。最终，他可能会"因为数学本身"而对数学着迷。或者，一开始他可能只是因为喜欢解决这些抽象问题而去学习数学，但是，到后来他可能就会意识到数学的实际用途。事实上，他对动机的关注，可能只是间接性的。例如，怀特海（Whitehead）[1]在猛烈抨击"惰性观念"（inert ideas）时，并没有直接提出一种有关动机方面的观点。令他感到痛惜的是，人们在学校学到的太多东西都没有应用到他们的经验之中——这种仅仅停留于书本的学习，根本无法转变一个人对他在生活中所可能遭遇到的有关情况的理解。然后，他就跳到了另一个极端，认为知识应该是"有用的"（useful）。他的确声称，教育乃是"利用"知识的艺术。[2] 可是，这真的就是他所要表达的意思吗？他是否真的认为一个有教养的人不应该将其所拥有的知识和理解应用到他的生活之中，而应该教给他一些有助于他更好地理解自身处境的相关概念和抽象理论呢？他所说的"有用"，是指那种严格意义上有助于实现某种实用目的的"有用"吗？

这种"惰性"和"有用"之间的二分法，是在描述一个有教养的人所必须拥有的知识类型的背景下形成的，它往往会强化学习动机方面"为了知识本

1　阿弗烈·诺夫·怀海德（Alfred North Whitehead，1861—1947），现代英国著名的数学家、哲学家和教育理论家，"过程哲学"的创始人。他在其代表作《思维方式》中指出，真正的哲学旨在实现彻底的思想自由，或者说，彻底的思想自由就是哲学活动本身。——译者注

2　See A. N. Whitehead, *The Aims of Education*, New York, Mentor Books, 1949, p.16.

身"与"为了实用目的"之间的二分法。它鼓励人们忽视那种一成不变的知识体系,欣然接受人们所抱持的各种不同程度的理解方式。这对于一个人而言是极其重要和"中肯的"(relevant),因为它决定了他对人类生活普遍条件的一般信念、态度和反应。从一般意义上说,这既非出于"惰性",也不是为了"有用"。

承前所述,怀特海在做出这种区分时,只是间接地关注动机。我的意思是说,他所关心的似乎是那种与一个人的处境有着明显"关联"的知识。据推测,他和大多数人一样,认为学习者会因为认识到学习与自身的关联而改进学习。但事实并非如此。与此同时,还要指出的一点是,我认为有关人类状况的知识对任何人都具有某种情感意义。因为即使每个人在某个时候都可能面临有关死亡、人际关系、权威、暴力等情感问题,但是在他上学的时候,这些问题似乎对他没有任何特别的意义。这就是为什么在谈论自由教育时,重要的是要将动机论与怀特海所提出的有关应当鼓励发展一切知识与理解形式的论点区别开来。

我自己的观点是,教育的内容不由学习者在任何特定时刻觉得什么有趣或重要来决定,尽管这显然是任何好教师都应该关注的一个方面。教师的任务不仅在于激发兴趣,而且在于将其激发活动建立在学生现有兴趣的基础上。同样,这也适用于学习者所关心的诸如死亡、痛苦和性迷恋等困惑,只不过使用"兴趣"和"好奇"等术语来描述这些困惑就有些不合适了。由于这些困惑会使人产生种种普遍性的情绪反应,因而它们可能也是学习者不得不关注的问题。当然,我并不是说教育的内容应该完全以这一领域为中心,而是说这是一个容易被忽视的重要领域。鼓动人们忽视这一重要领域的,乃是这样一种知识观:要么为了知识本身而求知,要么为了实际应用而求知。

第三节　自由教育即普通教育

对于一个有教养的人而言,这一解答人生困惑的知识领域似乎是必不可少的。但是,在前一节中,我已经证明,这一领域很难归入所谓"为了知识本身"或"为了某种附加目的"的范畴。这似乎与自由教育的第二种解释密切相关,因为不仅任何自由教育的倡导者必须面对人们对它所做的三种解读,而且这种知识分类也为相关问题提供了答案。第一个问题是,要避免信息的支离破碎和杂乱无章;第二个问题即赫伯特·斯宾塞(Herbert Spencer)[1]的"什么知识最有价值";第三个问题是,在培养"完整的人"的说法背后隐藏着知识"整合"(integration)的要求。因此,在处理这三类问题中有关"自由教育"的第二种解释所产生歧义的过程中,有时我的讨论会重返这个与每个人都息息相关的知识领域。

一、思考的多维性

应该允许人们向多个方向发展,而不是局限于某种特定的专业思维方式。从消极的意义上讲,这种要求的合理性是显而易见的,因为从学界到政界或商界对专业劳动力的需求,无不存在着形形色色的竞争对手。尽管尚不确定它会产生怎样的积极影响,但有一点还是清楚的。例如,对于一个受过严格训练的科学家来说,难道他就不应该在哲学上老练、在美学上敏感,

---

[1] 赫伯特·斯宾塞(Herbert Spencer, 1820—1903),19世纪英国著名的哲学家、社会学家、教育家。他所提出一套的学说把进化理论中的"适者生存"应用在社会学尤其是教育及阶级斗争中,是在理论上阐述进化论的英国哲学家先驱,被誉为"社会达尔文主义之父"。主要作品有《政府的适当权力范围》《人与国家》《社会静力学》《人口理论》《心理学原理》《第一原理》《教育论:智育、德育和体育》等。——译者注

并且精通历史吗?如果要避免那种不自由的专业化(illiberal specialization),那么在专业划分上,究竟是应该粗糙一些,还是精细一些呢?例如,对于一位通过欣赏音乐来开阔自己眼界的科学家来说,如果他错过了文学,这有什么关系吗?或者,一位理解热力学第二定律的文学家错过了孟德尔(Mendel)[1]、弗洛伊德(Freud)[2]和涂尔干(Durkheim)[3],那又怎样呢?

要回答这类问题,我们就必须坚信,这种自由教育的概念只是一个从狭隘专业化的一端开始的连续体(continuum)。尽管在从这种狭隘专业化的一端向与一个人理解的广度与敏感度有关的另一端转移的过程中,找不到居于二者之间任何特定的分界点,但是,只有在另一端上,才能称这个人是"有教养的"(educated)。此外,还必须借鉴赫斯特(Paul H. Hirst)对知识划分的独断性与非独断性的观点。在哲学史上,存在一个知识分化的渐进过程。从不同的真理标准和测试程序看,经验科学(empirical science)并不仅仅是数学的一个分支。同理可证,具有一定程度自主性的道德经验(moral experience),也是不能与数学或科学等量齐观的。于是,人们开始质疑宗教的地位,以及将心理学和历史学等人类研究视为类似或者不同于自然科学的可能性。此外,美学鉴赏(aesthetic appreciation)和哲学理解

---

[1] 孟德尔(Gregor Johann Mendel, 1822—1884),奥地利著名的生物学家。他用了近十年的时间完成了豌豆杂交实验,于1865年发现了遗传学的两大规律,并因此被誉为"现代遗传学之父"。——译者注

[2] 西格蒙德·弗洛伊德(Sigmund Freud, 1856—1939),奥地利精神病医师、心理学家、精神分析学派创始人。他开创了潜意识研究的新领域,促进了动力心理学、人格心理学和变态心理学的发展,也奠定了现代医学模式的新基础。代表作品《梦的解析》(1899)。——译者注

[3] 涂尔干(Emile Durkheim, 1858—1917),法国著名社会学家,也是现代社会学学科奠基人之一。曾赴德国学习教育学、哲学、伦理学,深受冯特实验心理学的影响,于1887至1902年在波尔多大学创建了法国第一个教育学和社会学系,并于1891年成为法国第一位社会学教授。1898年创建了法国《社会学年鉴》。代表作《社会分工论》《社会学方法的准则》《自杀论》《宗教生活的基本形式》等。——译者注

(philosophical understanding)似乎也都各具特色。

在真理标准、测试程序和独特的概念方案方面,只有做出这种非独断性的区分,才能回答有关连续体中所隐含的理想问题。例如,在发展人类理解力方面受到专业训练的专家,必然能操作测试程序。但是,如果期望一个人在所有不同学科中都能做到专家的程度,那么这种想法就是荒唐的。另一方面,期望一个人从各种学科的学习中积累大量支离破碎的信息,似乎也是不可取的。在很长一段时间内,一种可欲并切实可行的做法是,让一个人获得不同概念图式(conceptual schemes)的基本要素,使得他所掌握的各项信息能够归位和组织起来。与此同时,他还应该学会批判性地运用这一概念图式,以便他能够理解不同的真理标准。一旦开始尝试这一理解原则,一个人的眼界就会逐渐得到拓展,而且这有助于他以各种方式组织经验,并以批判的和富有想象力的方式展开思考。

二、知识的关联性

显然,随着所有这些不同学科知识的广泛发展,势必就会出现选择哪些分支学科进行研究的问题。例如,在自然科学领域,为什么就应该选择研究化学而不是天文学?换言之,人们势必要面对那个有关"什么知识最有价值"的问题。如果在前面与任何人都必须面对人类生活的一般条件相关的知识观点中,存在任何实质性的内容,那么,人们就可以据此勾勒出某种回应该问题的答案。例如,就哲学领域而言,伦理学与人类生活的关联,显然要比符号逻辑更紧密;在历史学领域,社会史与人类生活的关联则要比外交史更紧密。如此等等。

当然,这并不是将学习问题纳入课程领域的唯一标准。除此之外,还有很多其他的标准。我只是想提醒大家注意一个有关知识"价值"的重要标准,它经常被那些仅仅把学科看作专业学习的初级阶段的教师所忽视。在大学里,每个教师都要考虑的一个重要问题是,对于大多数人而言,他们既没有能力、也没有意愿发展成为像大学教师那样的研究工作者,那么他在学科教学中应当呈现一些什么性质的内容呢?殊不知,中小学和大学所忽视的这一标准,恰恰是学生抱怨所学内容缺乏与生活之间"关联"的主要原因。

三、理解的全面性

普通教育中隐含的第三类问题是,如何构想一种全面的理解。这一理想一方面是指,一个人从不同方面审视自己正在做的事情或正在发生的事情的能力。例如,科学家不应忽视其工作的道德层面;工程师应该对其建筑的美学方面敏感。但是,全面理解的含义并不止于这些;因为不同的经验组织方式不应该以彼此隔离的形式被分割开。它们之间应该存在某种"整合"(integration)。这里并不是要探讨"整合"在这种情况下所可能具有的各种内涵,而是意在指明它所具有的一个非常重要的含义:在与人类生活一般条件相关的任何知识领域中,各种知识理解形式之间都是相互渗透的。例如,在应对死亡问题方面,就有关于人类死亡的经验知识,但是,这种经验知识不免会带有关于人类意识与其身体状况之间关系的哲学假设。关于如何应对这一普遍困境,也不免会存在一些伦理和宗教方面的问题。同样,这类思考也适用于人类有关抵制暴力与欺骗的问题。首先是关于这些行为的直接事实问题。不过,这些问题很快就会演变为有关当事人动机的深层问题(further question)。值得注意的是,嫉妒和贪婪等动机不仅是对这些行为的解释,也是对那些普遍存在的不道德行为的称呼。道德判断和人际理解密不可分。这两类知识,也都会在人们对社会运行机制的复杂性所持的各种信念背景下得到应用。

我的观点不仅是说，在这个领域，很少出现那种可以恰巧被称为"经验"或"道德"或"需要理解的人"的问题，而且，我们用来解决某个具体问题的各种理解形式之间，也存在着广泛的相互渗透。即使是纯粹数学和道德理解之间，也存在联系，尽管这种联系比较微弱。但是，纯粹数学在这一领域几乎没有价值，而道德知识和人际理解之间却有着千丝万缕的联系，而且二者也都普遍适用于这一领域。因此，在这个领域中，很容易理解各种知识形式的整合观念。由此，它至少也为"什么知识最有价值"这一问题提供了一种答案。

第四节　自由教育即自由人的发展

那种古典自由教育的观点假设，为了实现个体潜能的发展，任何人都会自发地追求那种理性的自然目的。教育过程也为这一目的的达成提供了支持与鼓励。在柏拉图主义的观点看来，"自由人"（free man）无论如何都是一个理性得到适当控制的人，他不会被那种不羁的激情所束缚。在缺乏为人们的发展赋予普遍目的这样一种根本职能的情况下，这一理想的现代变体则强调了它的另一些方面。这些比较个人主义的方面主张，不同的人怀有不同的目的。而且，至关重要的一点是，他们都认为，应该让个人去选择他自己的未来。

那种极端版本的现代个人主义强调，每个人都要做自己的事，同时也强调"忠于自我"（true to himself）的重要性。在他们看来，无论是作为女性还是作为服务员，自发性（self-origination）就是真实性（authenticity），就是不去仿效他人，不去顺应种种社会潮流。因此，任何涉及被他人告知、被引入公共传统或者受到榜样影响的教育过程，都会被认为是对个人发展的限制。

他必须通过自己的经验和发现,找到自己的道路,并最终学会做自己,做自己的事情。甚至,某些版本的个人主义学说还强调,要构建属于自己的现实。

那些通常自称自由主义者的人士,则提出了一种不太极端和比较容易理解的个人主义。这种版本的个人主义主张,要将强调个体选择与强调理性在这些被告知的选择中的作用结合起来,重点是要强调个人的自主性和真实性。换言之,他们所强调的是,第一手经验、非二手信仰以及那些仅有当局允许却不被公众接受的行为准则的重要性。但是,他们强调理性在实现这种思想独立过程中的作用。从这一观点来看,自由人(free-man)[1]的发展,未必就会受到他人教导、公共传统和榜样人物的阻碍。的确有人会认为,如果没有被极端自由主义者视为限制性因素的社会交往(social transactions)的影响,就无从解释人的心灵的发展。关键是,在最终能够接受或拒绝某种事物之前,要鼓励个人对他所听到的、看到的或被以讲理方式告知的内容展开批判。不利的影响因素是,任何形式的灌输或适应性训练,都将会抑制或削弱人的理性能力的发展。

与其他两种解释相关,对自由教育的第三种解释,再次凸显了有关什么知识最有价值的问题。如果个人的自主性并不仅仅意味着一种虔诚的希望,那么个人就必须掌握与这种自主性发挥有关的信息,因为这些信息不仅是他据以做出现实选择的依据,也是他的想象力得到激发,进而设想各种可能性的依据。除了从事特定职业所需的专业知识外,个人还需要与他作为公民和人的选择有关的各种类型的一般知识。在这种普通教育中,人们对

---

[1] For detailed development of such a view see R. S. Peters, 'Freedom and the Development of the Free-Man' in J. Doyle (ed.), *Educational Judgements*, London, Routledge & Kegan Paul, 1973. Reprinted in R. S. Peters, *Psychology and Ethical Development*, London, Allen & Unwin, 1974.

政治教育（political education）和任何作为民主国家公民的个人都应该知道的知情选择权（informed choices），关注得太少了。同样，对本文前面所提到的那种与人类生活的一般条件直接相关的知识体系，也关注得太少了。中小学校务委员会人文计划（The Schools Council Humanities Project）是为数不多的致力于将学生在暴力、法律和秩序、性和人际关系等关键领域的理解力发展与自主性发展联系起来的一个项目，尽管它倾向于抵制教师向学生灌输此类有争议的问题，尽管可能许多人还是会对其所强调的教师的"中立性"（neutrality）表示怀疑。但是，必须将人们对某一特定教学程序的强调，与其所强调的个人在某些领域的理解力之于个人自主性发展的重要性区分开来。

从有关自由教育的第一种和第二种解释来看，这种自主的理想与人们所谓将学生视为潜在研究工作者的不切实际的倾向之间，似乎存在一些不一致之处。这是一个非常宏大的话题，鉴于篇幅所限，我们在这里只提出几个简要的观点。

一、自主是一种心态

自主性在很大程度上乃是一个程度问题，它所表明的乃是一种心态（an attitude of mind），而不是一种成就状态（an achieved state）。如今，知识已经发展出众多的专业分支，其中许多分支都影响着我们的日常生活，对此，我们除了信任别无选择。此外，即使是在道德领域，那些具有合理自主性的人们，在生活中也不免要受到极少合乎他们心愿的各种规则的管制。例如，关于排队所奉行的那种"先到先得"（first come, first served）的伦理准则，有多少英国人曾经对它做过深入思考呢？大多数人都是在某种既定的行为方式中长大的，并习惯于依赖他们的发展经验来反思其中存在的各种影响因素。只有在与那种不加思考的顺从（unthinking conformity）和恪守教条（rigid adherence to dogma）的对比中，我们才能理解自由主义的自治理想。它并不要求人们把从各种来源收集到的一切都说清楚，并对其诉诸不断的批判；它所要求的是，人们在面对挑战时要愿意学习和修改自己的意见与假设。从逻辑上讲，批判也必须将某些预设视为理所当然，并不能同时质疑所有事物。

二、道德上的自主性

有的人批判地对待他人所讲的东西，并试图以自己的方式对所见所闻进行组织化与综合化的加工；而有的人不是盲目复制权威观点，就是发表高度原创性的论文。区分这两种做法是十分重要的。自主性最常与道德领域联系在一起；但是，很少有人能够在他们道德生活中成为具有适当自主性的道德革新者。

三、判断力与想象力

在那种对任何人都至关重要的知识领域，如果没有权威的存在，就无法对各种迥然不同的思维方式进行管理。在自然科学领域，就其对日常生活的影响而言，大多数人不得不依赖权威。他们可能会理解一些基础性的理论（the underlying theory）；他们知道依赖权威也容易出错；但是，极少有人接受过诊断错误之源的必要训练。尽管人类的道德千差万别，但是其基本原则（underlying principles）并不特别深奥，因而不需要高度专业化的训练来培养人们的道德敏感性。人们所需要的是，能够将道德原则用于应对不同情况的判断力和想象力。有关不同原则的权重分配，也是道德上最具争议的问题之一。介于两者之间的，是人类研究的各个分支学科。在这些分支学科中，心理学、经济学和社会学等专业理论，阐明了我们对他人和自己的"常识"性认识。在评估这些理论时，或是在评估这些理论对政策与行为所给出的解释时，至关重要的是，要了解特定的人在特定情况下所采取的行动与所承受的痛苦。我们在不同程度上都拥有这样的知识；因而我们也就有了对它进行批评、判断的共同基础，以及对我们从各种"权威"那里收集到的信息进行自主综合的知识基础。当然，我们必须充分深入到这些学科的"内部"(on the inside)，以便了解这些学科的原则结构以及如何应用这些原则。但是，我们并不是非得成为这些领域的专家，才能形成自己的某种观点。

从上述这一粗略的探索来看，我们需要更加仔细地关注与人的自主性相关的诸如批判性、独立性、判断力、真实性、想象力等一系列品质。这些品质在诸如道德与政治、理解他人、专业技能等领域的应用，需要更多学术领域的研究，其研究成果通常又会被用于学生的学业评价。这些品质，不仅区别于那种诸如见多识广、理解力强等比较平凡的品质，也区别于那种诸如独创性和创造性等比较高贵的品质。显然，就与自主性相关联的自由教育而言，它旨在让人们超越那种仅限于了解（just understanding）和见多识广（being well informed）的认知水平。不过，它并不要求另一极端的独创性和原创力。对于培养有可能推动知识进步的专家的大学教师而言，独创性和原创力是极为重要的；但是，对于关注自主性发展的自由教育者来说，这些品质却只不过是一种额外的好处。

第五节　结论

这篇论文确实没有结论。其中部分原因是，它除了探究自由教育领域所固有的一些歧义之外,别无他图。此外,这也是因为,随着探究的进行,尤其是在我发现"为了知识本身"和"为了某种实用目的"的二分难题之后,我对于人们有关自由教育通常所做二分解释的不满也日渐加深。在我看来,这种二分解释似乎适用于推动知识的进步,却极不利于知识的获取。它似乎根本不适用于那种有时被人们笼统地称为"人文学科"(the humanities)的知识领域,而这个领域却对判定那些应当构成自由教育内容的知识类型发挥着至关重要的作用。因此,在本文收尾之际,我真的觉得我现在应该着手去完成一项非常困难的任务:努力对这类知识做出更为细致的界定,考察它与传统学科、职业研究等诸多学科之间的关系。但是,这可能意味着,尽管本文在无拘无束地追求知识方面体现了"自由",而且肯定有人会认为本文在篇幅上过于"自由"了,只不过,本文所讨论的"自由教育"与人们通常所理解的"自由教育"相去甚远。

(劳特里奇 & 凯根·保罗有限公司,1977)

第四章　自由教育的困境

43　　　　自由主义者一谈到有关实现自己钟爱的自由理想这个问题,就会感到不舒服。首先,有一个众所周知的"自由悖论"(paradox of freedom),即在个人利益容易受到其他个人或群体压力干扰的领域,必须为个人提供法治保护。为了保护个人利益免受种种粗暴的干涉,所有人都必须接受法律的平等约束。其次,自由主义者通常也接受诸如正义和利他等其他价值观。因此,在某些情况下,出于对这些其他原则的考虑,自由主义者也会适当降低因自由受损而提出的索赔请求。第三,自由主义者个人很少单独追求他们的利益。他们会参加某种合乎基本规则的活动。在这些活动被制度化以后,那些确保活动能够有效开展并持续开展的规则,就会对活动本身构成束缚。反对者拒不接受有关抗议活动的种种限制。因此,在实现自身理想的过程中,自由主义者一直面临各种各样的困难和困境。

　　在本文中,我将结合有关各种"自由教育"理想的具体案例来探讨这一主题。所谓"各种理想"是说,有关自由教育的观念并不是统一的观念。能够统一的观念,就是人的心灵不受限制地发展。但是,在不同时期,人们对制约这种发展的因素持有不同的看法。目前,人们认为,自由教育基本也就相当于普通教育。[1] 这种始于19世纪的自由教育观念,乃是一种针对知识日益专业化和条块分割化的抗议。人们提出,要允许心灵朝着不同的方向发展,而不能让人的思想局限于某一个学科或某一种专门理解形式。然而,古希腊的自由教育理想认为,这种限制多半是源于种种实用目的对知识的绑架。其中,有关"本质"(essence)的学说宣称,人的目的在于发展理性。理论追求乃是理性发展的最纯粹和最完美的形式。因此,"为了知识本身"而追求知识成为一种理想,并与为世俗目的而工具性地追求知识形成了鲜明对比。最后,自由教育有时被理解为,对限制心灵发展的教条主义教学方法或专制主义的学习环境组织方式的一种抵制。如今,这种抵制很是流行。事实上,那些"去学校化的支持者"(de-schoolers),都将学校教育本身看作个人发展的主要敌人,尽管实际上他们可能会反对被人称作自由主义者。

在上一章,我已经考察了有关自由教育三种解释的歧义性。在本章中,我将基于这种对自由教育的粗略理解,进一步讨论自由主义者在努力实现其自由理想过程中所面临的困难和困境。

第一节　自由教育即普通教育

自由主义者所遭遇的困境在于,他们将自由教育解释为普通教育,却被那些坚持有关有教养的人的理想的宫廷骑士讽刺为不合时宜。有人认为,制度化(institutionalization)和个体心理学(individual psychology)的事实表明,能够获得自由教育的只能是少数人;然而,鉴于现代自由主义者对公平

---

[1] See P. H. Hirst, 'Liberal Education and the Nature of Knowledge', most easily available as reprinted in R. S. Peters (ed.), *The Philosophy of Education*, Oxford University Press, 1973, pp. 87-111.

问题的敏感,如果他接受这些批评者所做的有关制度分析和心理学论点,那么,他在迫切要求公平的时候就可能会感到尴尬。

处理这一问题的根本困难在于,自由主义者缺乏明确的主张。显然,他反对狭隘的专业化,但他的正面理想却非常模糊。一个受过高度训练的科学家,难道就不应该是一个在哲学上成熟并且深谙文学和历史的人吗?如果他在美学上天生敏感,并且受过科学上的训练,难道也要他只有文学背景就足够了吗?难道他不会因此而错过音乐和视觉艺术吗?同样,如果这位文学家掌握了热力学第二定律,那么,他是否会因此错过弗洛伊德(Freud)和马克斯·韦伯(Max Weber)呢?有一种关于"知识形式"[1]的理论认为,由于不同类型的知识(如科学、数学、道德)之间存在着不同类型的概念和真理标准,因而这些知识之间并不存在某种独断性的区别。假如那种拥有自由教养的人(a liberally educated person)接受这一理论,那么,他对于自己所学习的各种知识又曾付出过多深的投入呢?文学家对科学或历史是否有充分的了解呢?或者说,他是否必须拥有一些能够使他对某些证据做出评估并得出结论的知识呢?如果回答是肯定的话,那么,假设一个普通学生在中学阶段就可以开始探索,他实际上又能收获多少种不同的知识理解形式呢?

各种知识形式的广泛发展,使得这一事关教育内容的问题日趋尖锐。因为即使人们承认可以将那种全面的理解划分为六至十种主要的"知识形式"(取决于各种区分的精细程度或粗略程度),也会出现诸如此类的问题:对一个有教养的人而言,哪门科学才是最为重要的呢?或者,无论你是否必须了解任何古代史或欧洲史,社会史都要比宪法史或经济史更重要?如此

1　See P. H. Hirst, op. cit.

等等。我在本书第三章曾指出，在专业化正值蓬勃发展的 19 世纪，赫伯特·斯宾塞提出了"什么知识最有价值"[1]这一问题，而人们却没有给予它足够的关注。对于任何一个想要为 20 世纪的自由教育提供辩护的人而言，这是一个至关重要的问题。因为除非能够界定"全面理解"的核心内涵，否则，对于普通人而言，想要在中学阶段结束时实现全面理解就是不切实际的。关于精英主义者对其自由理想发起的这种指控，自由主义者抱持一种非常开放的态度。

即使满足了这一初步条件，鉴于制度化和个体心理学的事实，自由教育在实施方面也仍然存在一些困难。事实上，那些制度上的困难，主要源自于学校所拥有的种种特殊建制，因为工业化社会赖以继续存在和个人在其中有所作为的必备条件，正是那种具备专业品质的知识。就其最低层次的要求而言，个人要想开展自己的经济生活，传播和理解有关的信息和指令，就必须具备基本的算术和识字能力。就其最高层次的要求而言，个人需要接受诸如法律、医学、工程等方面的专业训练，以及从事那种旨在推动知识进步的研究工作所需的专业训练。就其中等层次的要求而言，个人则要接受从事制造、维护和公共服务所需的各种技术知识的训练。由于这些机构的运转资金主要由公共经费提供，因此，政府会坚持要求，所有机构的专业劳动力都要达到基本的算术和识字水平，并且要充分满足职业结构方面的需求。这些方面的要求，既可以通过中央控制实现，也可以通过各种其他方式实现。但是，无论采取何种方式，其运行逻辑可能都是十分强调专业化的。在一些共产主义或天主教国家，还会追加一些被视为公民身份所必需的"思想教育"（ideological instruction）。但是，从国家的角度来看，自由主义者所

1　See chapter 3 above.

倡导发展的全面理解必然会显得有点奢侈。从"文科"（liberal studies）在技术学院所居的反常地位，我们就能见证这一点。

此外，像大学和理工学院这些居于金字塔顶端的机构，其维护成本非常之高，而且，随着知识的增长，它们在研究和教学资源方面还会提出越来越高的要求。因此，这些机构自然就会期望学生在学校完成越来越多的准备工作，并对入学要求做出相应的安排。由于学校只能通过"提前专业化"（early specialization）来满足这些要求，于是，它们就势必会以牺牲普通教育做代价。国家要想长期维持整个过程的运转，就只能选择将大量资源投诸学校教育。

有人认为，自由教育的这些制度障碍之所以会被强化，乃是因为动机上的心理缺陷。如果学生能看到一些实用的结果，或者他们对这些结果感兴趣，那么，他们往往就会努力学习。大多数专业研究的实用结果都是显而易见的——到大学或理工学院里面工作或者就业。但是，普通教育存在这种类似的实用结果吗？也许，学生也会因为知识本身的缘故而对一两个学科感兴趣。但是，如果他们同时想要理解的东西太多，那么，他们就不太可能培养出对工作的极大热情。因此，为了自由教育的利益而让学生陷入无尽的厌烦，也不值得。

正如最初反对自由教育只能为少数人服务一样，在人们对其内容缺乏明确认识的情况下，这些心理学的论点会很有说服力。例如，如果人们承认，自由教育应当围绕人类生活的一般条件所产生的一系列问题（例如：自然界的黑暗、风暴、潮汐、时间、季节变化等明显现象，人世间的权威、暴力、苦难、所有权、交往以及有关出生、婚姻和死亡的循环等等问题现象）展开，那么，学生对待它的态度可能会有所不同。或许，这种内容所提供的，正是他们通常声称学校教育所缺乏的与生活的"关联"。当然，正如我稍后将要指出的那样,有关从事研究所需要的实际用途或知识本身的动机二分法都太过粗糙,以至于它根本无法涵盖人们从事学习的各种可能动机。

最后,自由主义者所面临的困境是,假设他生活在一种更理想的世界里,他如何才能确保自己获得充分的普通教育;迄今为止,我一直在提醒人们注意教育世界所遭遇的实际障碍。从形式上讲,在英国的教育系统中,中学课程由学校校长负责,并接受地方教育当局的一般建议。在实践中,这意味着校长拥有相当大的自主权,而事实上,校长所拥有的这种自主权会受到公开考试的限制,因为大学对公开考试的内容负有主要责任。假设学校为了断绝与大学专业化之间的联系就放弃了自由教育的制度,那么,为了避免可能出现的无政府状态、不公平、狭隘和可能的政治偏见,除了从遵从中央政府的课程指导方针转向让地方当局和教师自行决定之外,我们还有什么别的选择吗?那种对课程的集中控制,不正是一切自由主义者所反感的吗?他们反对心灵受到某种专业学习的限制,但是,他是否也会反对国家太过明确地规定心灵发展所需的方向呢?难道这种集中的指导方针,无论在任何情况下,都无助于国家利益所鼓励的那些专业知识形式的学习吗?

第二节 自由教育即知识本身

当自由教育被解释为知识本身时,任何试图实现自由教育理想的尝试都存在类似的模糊、困难和困境。首先,人们势必要问,在日常在校学习的情况下,这种理想意味着什么。显然,就其在大学中的应用而言,它在很大程度上关注的是知识的进步。可以说,知识本身的发展是有价值的,它也被视为知识进步的原因。我们不必总是凭借其对共同体的益处或者对行业的有用性,来证明一项研究的正当性。在大学里,这些不同的研究理由是显而易见的。自由主义者强调,这些都是知识所固有的重要价值;在这方面,他们的理想带有明显的应用倾向。

然而,当这种理想被转移到更加关注知识获得而非知识进步的教育情境时,就会变得有点模糊了。首先,那种"为了知识本身"的学习所反对的是什么呢?如果一个学生因为想要获奖而狂热地练习小提琴,那么,他显然是出于某种外在的原因而学习。事实上,学校里的大量学习都是这种性质的。学生必须努力通过种种考核,因为这些考核被人们视为进入一系列高薪或有声望职业的入场券。尽管职业所需的表现与学生所学的知识之间缺乏紧密的联系,但是许多人可能会认为像英语和数学等学科的学习,包含了在一定水平上从事任何职业所必需的技能;比如,假设一个学生想成为小提琴手,或者想演奏一首奏鸣曲,那么,是不是如果他不掌握他正在练习的指法就不能演奏这类曲子呢?如果是这样,那么他是否还会"为了知识本身"而学习某种东西呢?

这个问题没有明确的答案,因为有关"为了知识本身"和"为了某种附加目的"的二分法实在是太过粗糙了,以至于它根本无法处理有关学习的问题。"学习"与各种成就密不可分,它取决于所学的内容。这些成就与导致这些成就的学习经历之间,存在着各种各样的逻辑关联。学会演奏各种乐段,是掌握奏鸣曲的组成部分。学习如何在第三指位演奏,是能够演奏这些段落的必要条件。这些特定的段落,用具体例子说明了整个作品的精确性、表现力等价值。同样,作为一名小提琴家的总体目标,是包含在演奏包括亨德尔奏鸣曲(Handel sonatas)在内的各种作品的内在价值之中的。同样的观点,也适用于像工具制造或医学等实践活动或像科学等理论活动。因此,如果一个人在谈论学习的动机,谈论某种特定内容的学习,那么,很明显,那种"为了知识本身"的想法将会排除他仅仅为获得现金或认可而辛勤劳作的可能性。但是，目前尚不清楚人们究竟遵循什么规则而学习。显然，如果一个人全神贯注于每一分钟的练习，或者发现数学证明的每一个阶段都引人入胜或让人着迷，那么，他就是在"为知识本身"而学习。但是，如果他被科学、工具制造或小提琴演奏等各种活动所吸引，却发现那些必要的学习内容有些枯燥乏味或者很费劲，抑或假设他喜欢奏鸣曲的某些部分却又觉得其他部分很乏味，该怎么办？

可以说，适用于整个活动的乃是那种"为事情本身而做"（doing something for its own sake）的观念，而不是那种一点一点地逐渐学习的观念，而且，这些反对意见都在吹毛求疵。但是，如果是这样的话，这一观念与那种在本质上按照时间顺序分布学习的教育有什么关系？大多数活动都需要学习者花费很长时间才能充分掌握和充分理解某些事情的适用范围、必要性及其所体现的各种价值。此外，自古希腊以来，这种有关活动价值，一直都存在着为知识本身而求知和为了实用目的而求知之间的分野。但是，这是模棱两可的；因为"实用目的"包括两个目的，如减轻医学等实际活动所固有的痛苦，以及获得现金或声望，而这些现金或声望可能会影响医生和科学家"为了知识本身"而求知。换言之，实用目的既可以是活动的内在目的，也可以是活动的外在目的。

我认为，自由主义这种"为知识本身而求知"的理想，显然更适用于大学等旨在推动知识进步的机构，而不是中小学等主要关注知识获得的机构。不过，它对中小学也有一定的应用价值。假如学生能够在某个学科中获得进入这一领域的门径并享受它所给予他们的一切，那么他们可能就会"为了知识本身"而学习这个学科。事实上，在玛丽·沃诺克[1]等人看来，此乃支撑

1　See Mary Warnock, 'Towards a Definition of Quality in Education' in R. S. Peters (ed.), op. cit.

专业化的主要观点之一。在他们年龄还很小的时候,向他们展现一些唤醒好奇心的现象,也能激发起他们的学习冲动。他们可能会面临挑战,但这些挑战能唤起他们掌握事物的渴望。这就是自由主义者在中小学所提倡的动机类型。毫无疑问,它在教育活动中发挥着非常重要的作用。

然而,如果自由主义者想要专注于这一理想的实现,那么,他就必须承受人们在一定程度上对它的怀疑以及由此所带来的种种困扰。首先,人们怀疑,自由主义者是否自诩为唯一可取的激励方式?或者,正如我马上要揭示的那样,他是在提醒人们注意,这是一种动机,而且在像我们这样的社会中,这种动机很可能会被人们遗忘,从而使它很难有所发展。如果他所做的是前者,那么,在缺乏某种等同于赋予理论生命以最高价值的古希腊功能学说的情况下,还有什么理由维持其至高无上的价值地位呢?一个医科生可能会觉得他所致力的解剖学和生理学研究很无聊,但是,如果他真的希望减轻病人的痛苦,并认为学习这方面的知识是必要的,那么,他的研究又怎么会是缺乏价值的呢?他必须对真相有所关注,这是适用于一切知识评价的一个重要方面。事实上,如果他的信念是错误的,那么他的病人就可能会随之遭罪,它也为这一论点提供了额外的证据。当然,真相的价值不能完全依靠它对人类利益的贡献来捍卫。他可能希望提请人们关注和理解世界的内在价值,但是,他怎么能够无视那些试图让世界变得更好的其他内在价值呢?为什么那种享乐主义的价值观(尤其是享受和满足)就应该优先得到满足(have the inner track)?

自由主义者可能会反对那种认为外在目的具有普遍影响力的观点,因为这些外在目的会破坏人们对理论知识和实践知识的获得。在这一点上,他所面临的困境,一部分源于消费导向型社会中知识获得方式的制度化,一部分源于人类心理学的事实。

在一个发达的工业社会中,学校所能进行的直接职业准备是有限的。假如有一个男孩想成为工具制造匠,面试他的公司通常也不会严格考查他的手工技能。或许,该公司更关注的是他在英语、数学和基础物理方面的精通程度,因为公司更愿意与附近一些能够提供技术训练的技术学院合作,让他在工作中得到有关的技术训练。至于这种与中学脱离、直接与职业结构挂钩的做法是否可取,则是另一个问题。一方面,有人认为,在我们的制度中,中等教育和继续教育的后期阶段应该合并,因为后者提供了这一级别的大部分技术训练。另一方面,有人反对说,学校和职业结构之间的联系太过紧密,以至于过早地决定学生未来的谋生手段。太多人很快都将因此被挑选出来,成为现代的伐木工人和水抽屉工人,并被排除在任何其他可能性之外。

事实上,无论将学校与职业直接联系起来有什么可取之处,这种联系主要都是间接性质的。人们认为,学校所提供的公共考试系统,可以在一定程度上反映一个人在识字和算术方面的总体水平。因此,学校作为一个选拔和评级机构,负责确定人们的一般能力和资质,以便他们能够具备职业结构所需的适当水平。从社会的角度来看,这确保了劳动力向职业结构各个层次的适当流动。由此,尽管他们几乎看不到在校所学的东西与其日后生活之间有什么关系,考试仍将被他们视为决定个人人生机会的主要因素。因此,一个男生因为想要成为一名工具制造匠就能够到金属制品厂去工作的情况,并不常见。在一个相信个人自由价值的社会中,自由主义虽然也有可能得到蓬勃发展,但它很可能是以竞争和其他惨烈的内卷(rat-race)形式表现出来的。这些做法不仅会对学校教育造成影响,而且还会促使人们将学校教育完全视为一种通往成功、地位和财富的阶梯。事实上,学校本身就反映着整个社会的价值观,其中,诸如"它能把你带到哪里去?""它能给你带来什么回报?"等问题都会被问及。

关于诸如嫉妒、贪婪和志向等自私动机所具有的普遍性和强度,从一开始就是哲学家和心理学家争论的议题。无论在"人性"结构中的地位如何,它们显然是一个重视个人自由和自我实现的社会所鼓励的内容。动机不仅仅是个人随身带入社交场合的东西,在某种程度上也是情境的产物,是特定环境对他的期望。如果学校和工业一样,都建立在个人成就的基础之上,都通过公开考试来衡量,那么,个人很可能就会从自己的学习情境中认识到这一点。教师可能会尝试让学生为他们热爱的学科而学习。他们可能会颂扬那种"为了知识本身而求知"的价值观。但是,即便这些学生十分仰慕这种价值观,他们也只能以半认真的态度对待它,因为学校向他们发布的其实是另一种迥然不同的指令。因此,他们很可能像资本主义社会中的工人一样被自己的学习所"异化"(alienated):他们在自己的工作中,既感受不到快乐,也感受不到自豪,而只是为了金钱打卡上班,为了达到不被批评或者解雇的工作标准而勉强过活。

学生的这种在校生活处境,可能会因动机水平的发展而得到进一步的加强。在处理有关道德发展问题时,皮亚杰(Piaget)[1]将儿童对待规则的态度区分为以下阶段:在早期自我中心阶段,他将规则视为避免惩罚和获得奖励的方式;从第二阶段开始,他将规则看作是为了获得认可或避免反对而必须要做的事情;到了最后阶段,他能够深刻地认识到规则是可以改变和协商

---

[1] 让·皮亚杰(Jean Piaget, 1896—1980),瑞士著名儿童心理学家,发生认识论和日内瓦学派的创立者。他对心理学的最重要贡献,是他把弗洛伊德的那种随意、缺乏系统性的临床观察,变得更为科学化和系统化,使临床心理学有了长足的发展。他的认知发展理论成为了这个学科的典范。他在1972年发表的《教育的权利》一文中指出,教育学的根本任务就是要让儿童得到全面发展,使每个儿童都能有完善的人格。主要作品有《儿童的语言和思想》《儿童的判断和推理》《儿童关于世界的概念》《儿童的道德判断》《儿童符号的形成》《从儿童到青年逻辑思想的发展》《发生认识论原理》《结构主义》《教育科学与儿童心理学》等。——译者注

的,其必要性取决于非人为附加的奖励或认可。总之,纪律之所以会逐渐被儿童接受,是因为儿童意识到它与自身所关心和感兴趣的事物相关。换言之,纪律源于那种具有普遍性的任务,而非他人对待自己的态度。在当下的学习活动中,各种学科知识和技能所可能具有的有趣、费解或有吸引力等特征,本身就能够引发幼儿的关注。但是,当儿童度过怀特海所谓最初的"浪漫"(romance)阶段,进入所谓"精确"(precision)阶段,学生就必须掌握学科的标准。在某个阶段,他可能看不到掌握有关学科本身要求的意义。如果想让他克服这种逆反倾向,那么,可能就需要给他一些必要的认可或奖励等外部动机。人们认为,只要儿童对这个学科有了更多的了解,并且开始对该学科的标准和内在价值之间的关系感到敏感,就会对这个学科诸多方面的内容都感兴趣。因此,外部动机可能是过渡性诱因的重要来源。

  至此,我已经对自由主义者因将自由教育看作"为了知识本身而求知"所遇到的种种困境做出了解释。在个人主义价值观可能会对为了知识本身而求知的教育观提供不利外部动机的社会中,不仅个人很可能会得到蓬勃发展,而且教育机构也很可能会随着这种外部动机的发展得到强化。问题是,在希望能够接受各种内在动机形式的同时,个人应该在多大程度上采用外部动机才是明智的呢?鉴于动机在很大程度上会受到社会条件的制约,那么,我们在学校很可能会遇到许多对学习不感兴趣并对探究之乐感到陌生的孩子。也许,好奇心是人类与生俱来的,但是,社会学的发现表明,某些类型的家庭背景会极大地打消人的好奇心。那么,自由主义者应当如何应对这种在现代工业社会中普遍存在的现实状况呢?他们是否会诉诸世俗常见(stock forms)的外部动机,希望学生首先谋求教师认可、通过考试并在这个世界上取得成功呢?至少,他们这样最终能够从做自己喜欢的事情中获得一些乐趣。抑或,他们希望学生将自身的学习与那种作为远景目标的"实用目的"联系起来(如男孩通过加工金属而成为工具制造匠)？又或,正如第三章所示,很多渴望学习的人们,既不是为了知识本身,也不是为了某种实用目的而学习呢？是这种学习动机导致了当前大量学生对学习的价值需求吗？这个难题是否与人们将"自由教育"解释为"为知识本身而求知",并认为它很容易应用于推动知识进步却并不适用于知识获取有关呢？

第三节 自由教育即非专制教育

对"自由教育"的第三种解释,强调了个人选择权(individual choice)的发展,它旨在实现"自由人"的自主性即精神独立。这既不同于不假思索地顺从或接受他人的意见和态度,也不同于个人被他人强行植入程序的灌输。从更为积极的意义上讲,它意味着真实性(authenticity)和自发性(self-origination)。它意味着,信念和行动必须是自己的,而不是复制他人或角色扮演的产物。在大多数情况下,它还意味着对信仰和实践进行批判性评估,并最终导向人的精神独立性的发展。

从表面上看,对于试图实现这一理想的自由主义者而言,义务教育本身就是不祥的开端。一个自由主义者不会赞同这样的论点,即对自由的干预是必要的,这样才能保证国家有足够多训练有素的劳动力。但是,自由主义者能够理解,个人必须具备职业所需和作为文化遗产的知识和技能,因为这将有助于他看到生活的意义。他尤其能够理解,除非信息、想象力和批判性思维扩大了个人的选择能力,否则,一切有关个人自主性的自由理想都将是空洞的。因此,除非一个人被明确置于有关文学、历史、地理以及部分自然科学和社会科学的研究道路上,否则,他可能就会在面临诸多选择、不得不做出抉择时,出现严重的选择障碍。[1]

但是,人们很可能会问,为什么要强迫个人进入专业教育机构呢?难道是因为如果他们足够幸运,就会获得相关的知识吗?为什么就不能让他们自愿加入伊里奇(Illich)[2]所倡导的那种"学习网络"(learning webs)呢?为什么自由党人显然不赞成这种能够使学习者得到解放的建议?因为这些自由党人可能也相信公平,并且他们也能够意识到,如果让个人决定是否要上此类机构,那么,几乎可以肯定的是,这实际上意味着最终是让他的父母来决定。因此,真正愿意把握学习机会的,将会是那些已经得到来自家庭强烈支持的孩子。这种自愿制度,往往会对那些家庭背景不利者造成累积性的不利影响。然而,也许自由主义者会主张彻底改革中等教育,以便它不再被视为进一步接受职业教育或高等教育的垫脚石(stepping stone)。相反,它应该被视为对每个人(而非严格地局限于青少年)的开放体验平台。这样就能为其注入一些成人教育运动中的志愿精神:在这种情况下,许多学生既可以出于兴趣而上课,也可以出于看到他们所学的东西与自身生活的联系而上课。在我们的制度中,这将意味着一种对社区教育核心理念的延伸,即我们现在所说的继续教育和成人教育,将在非全日制和全日制的基础上进行,并且其学习类型通常是与中学的学习类型相联系的。

然而,为了让人们在中学阶段能够享受到这一体制改革的成果,就必须

---

1 For development of such arguments see R. S. Peters, *Ethics and Education*, London, Allen & Unwin, 1966, pp. 157–66 and 'The Justification of Education' in R. S. Peters (ed.), op. cit. See also J. P. White, *Towards a Compulsory Curriculum*, London, Routledge & Kegan Paul, 1973.

2 伊凡·伊里奇(Ivan Illich),奥地利裔美籍哲学家、社会学家和历史学家。其代表作品《非学校化社会》不仅对学校教育展开批判,更揭示了制造贫困和产生异化现象的广泛的社会基础(价值商品化、机构化),并对这些机构的作用过程(隐蔽结构)进行了剖析,最后指出,只有当技术知识不再成为商品时,技术和知识才能为每一个人提供一种能力;与此同时,也只有废除这些价值机构,人才能获得真正的自由和平等。——译者注

让学生在小学和初中阶段接受强制入学的义务教育。而且,即使上学是自愿的,一旦建立了专门的学习机构,从发展自主性的角度来看,这种情况也充满了悖论。因为教育的过程,就是将年轻人引领进入公共文化遗产的世界的过程。在这个世界,只有使用公共概念才能进行交流。除非年轻人通过公共概念来理解自己的经验,否则他就不可能有自己的想法。年轻人学习是为了在这个世界中生活,而这个世界是一个已经被决定好了的结构。父母和老师所持的共有观念组成了这个结构的一部分。因此,在人的一生中,必定有很长一段时期,他的信念和行为都断然不是自主的;因为在这一过程中,他必须努力具备某种与这个世界相适的信念,以及在社会生活中与人进行自主协商的行为方式。这种他律状态(heteronomous situation)会持续很长一段时间。事实上,在皮亚杰的追随者看来,大多数人永远都无法脱离这种状态。自主性在很大程度上是个人主义社会的产物,在这种社会中,人们强调互惠,强调关注他人的观点,强调为自我兴趣去探究和发现,并成为自身命运的决定者。然而,在大多社会中,人们的信念和行为,则主要来自于诉诸权威或者遵从公众舆论。

  从自主性的角度来看,学习者在专门教育机构中的状况同样令人失望。因为,无论学生是自愿上学还是被强制入学,这些专门教育机构的存在,都旨在向学生传播一些在家里学不到的知识。因此,人们之所以要上学,就是因为他们无知,人们又认为有些知识是必须要具备的,而掌握这些知识的学校教师就注定会成为这方面的权威。此外,与"自由悖论"相关的一点是,由于不得不聚集在一个狭小的空间学习,因此,当局就势必要使用各种强制措施来确保他们享有相应的学习条件。此外,在义务教育机构中,由于许多人缺乏学习动机,校方就不得不采用表扬和指责、奖励和惩罚等形式的外部动机来鼓励那些不愿意学习的人。毕竟,对处于他律阶段的人而言,这是唯一有效的激励形式。因此,这些专门的教育机构之所以会采用这样的管理和激励机制,主要是为了照顾那些在行为和动机上缺乏自主性的人,但它却无法为学习者提供一种鼓励自主的氛围。

因此,自由主义者所遭遇的困境显而易见。如果一个人所处的环境告诉他,必须向他人学习,但同时,这个环境中的管理和激励机制却又必须迎合那些不愿学习的人——那么这样的学校环境,又怎么能够鼓励人去独立思考呢?或许,这种困境并不像前两种情况那样难以化解。这是因为,虽然某些程序不是特别自由,但也不是明显的不自由。毕竟,我们学到的大部分东西,都是通过各种方式从别人那里学到的。我们自己并没有发现它们,我们可能也不是特别渴望学习它们。尽管如此,我们还是学会了它们。只有在其他人以一种毋庸置疑的方式向我们传递这些东西,抑或采取一种带有明显不鼓励我们诉诸好奇心或批判教学法的情况下,它才会变成一种不自由的教育程序。没有证据表明,通过榜样或从他人教授中学习(或许当我们做得好时还伴随着表扬),必然会产生这种灌输效应。

一些浪漫主义的教育作品,曾将那种压抑的教育方法,与人们出于好奇而自主发现事物的"自然"方式进行对比。但是,他们忽视了人类赖以生存的主要机制,乃是模仿和跟随那些更有经验的人。人类文化主要是通过这种机制进行传播的。我们大部分的早期学习都是这样进行的。不幸的是,那些对学校中的诸多唆使和贿赂行为感到义愤的人们,忽视了这些机制。当然,像杜威那样,鼓励出于个人兴趣而去自发地从事问题解决与学习,乃是一种可取的办法。但是,正如支持在学校中实施个人项目学习法(individual project method)的人们所发现的那样,建议所有学科都应该以这种方式进行学习,不仅是不切实际的,也是没有必要的,因为它忽略了:人类自古以来的大多数信念和行为方式,都是从榜样和经验丰富的人(这些人被称为一个共同体中的权威或专家)的教授中习得的。

当然,这种学习方式存在灌输的危险。这不仅仅是因为教师和其他权威人士往往都是教条主义者(doctrinaire),他们总是强烈地想要同化学生的思路和想法。此外,即便有的教师认为,自己虽然是权威角色,但其实自己也只是辅助学生学习的过渡性手段——哪怕是这种教师,也可能无意中对学生产生深远影响,使学生固守某一套信念。或许,他们试图引导学生变得具有批判性,并学会自主思考;但是,他们可能会发现,即使在多年之后,他们的学生仍然过度受制于他们对特定问题所持看法的影响。因此,自由主义者的困境在于,人们所面临的基本学习处境是,那种面向他人经验(而非自身经验)的学习是不自由的。而且,身处这种权威型教育情境,即使有经验的人试图鼓励学生独立判断,他们也始终面临着这种不自由的危险。

这一观点,也适用于通过让许多人在一个狭小空间里共同学习来实现的社会控制。由于这种自由悖论的存在,就必然会催生一些由权威人士强制执行的规则。但是,这个规则体系不一定是专制的,学习者完全可以通过合作的方式来决定规则的内容及其运行方式。学校权威的问题在于,它还没有被真正地合理化,并与学校的宗旨相适应;它基本上是家长式的(paternalistic),带有上个时代的遗风[1]。无论是在社会上,还是在学校里,权威都不是一种自由的手段。因为它涉及到对个人的限制,所以,在它妨碍自由或其他价值观因而遭人厌恶时,它总找借口为自己辩护。但是,只有在缺乏正当理由,或者是以冒犯人类尊严的方式使用权威的情况下,它才会明显带有不自由的性质。不过,即使权威被合理化,并且规则制定和规则执行程序也都得到了人们的普遍接受,按照定义,它们也涉及对个人决策的限制。

1　See R. S. Peters, *Authority, Responsibility and Education*, rev. ed., London, Allen & Unwin, 1973, ch. Ⅳ.

特定的规则,可能会使人们强烈地感受到特定个人对其发展的限制。这是一切受规则控制的群体活动的共有特征。但是,不应将其与专制社会控制中那种极端打压个人特色的权威混为一谈。那些支持自由学校(free-schoolers)和去学校化教育(de-schoolers)的人士往往对之鲜加区分。

总之,本文并不试图证明自由教育的合理性。事实上,正如我试图表明的那样,"自由教育"可能意味着很多不同的东西,不同的解释可能需要不同类型的理由。相反,我集中讨论了人们在试图把握三种自由教育时所必然会面临的难题与困惑。从上述分析可以看出,影响这三种解释的以下三个重要问题,或许还有待人们投注更多的思考:

(1) 回答赫伯特·斯宾塞有关"什么知识最有价值"的问题。

(2) 关注教育的制度化,尤其是中学教育的制度化问题,以便学校能够摆脱由过早加强专业化、使用外部动机、不自由的教学程序和社会控制等造成的诸方面压力。

(3) 审查学校的教学程序,以便把"不自由的教学程序"与"自由的教学程序"区分开来;也把"不自由的教学程序"与"不是明显的不自由,却也不是特别自由的教学程序"区分开来。

(彼得斯,1977)

第五章 关于教育正当性的辩护[1]

许多人都认为,有教养是一种可欲的心灵状态,但它显然不包括所有可欲的东西。那些没有教养的人,可能富有同情心和勇气,而且这种心理倾向肯定具有一定的价值。另一方面,有教养的人,往往缺乏为人们所普遍珍视的毅力和同情心。因此,尽管有教养可能具有价值,但是,与之相联系的必定是某种特定类型的价值。那么,有教养所特有的价值是什么?我们可以为之提供什么样的辩护呢?在这篇文章中我试图回答的就是这两个问题,而不是我在《伦理学与教育》一书中所关心的那种较宽泛意义上的价值问题。在《伦理学与教育》那本书中,我把这两个具体的问题混为一谈了。这可能正是我当时对"教育"这个概念的分析存在的不足之处。

第一节 教育的独特价值

那么,什么是有教养(being educated)所特有的价值呢?这取决于人们究竟是在一般意义上,还是在特定意义上使用"教育"(education)一词。[2]

---

[1] 我要感谢同事和朋友,他们对本文早期版本的批评帮助了我,特别是保罗·赫斯特(Paul Hirst)和 A·菲利普斯·格里菲斯(A. Phillips Griffiths)。

[2] R. S Peters, 'Education and the Educated Man', *Proceedings of the Philosophy of Education Society of Great Britain*, vol. 4, January 1970.

"教育"乃是一个一般性的概念,它几乎涵盖了有关学习(learning)、养育(rearing)或抚养(bringing up)等所有过程。如今,当我们以这种笼统的方式谈论教育时,通常是指去上学或进入一个学习机构。从这个意义上讲,几乎包括同情和毅力在内的任何心灵品质,都可以被视为"教育"产品。如果说这些心灵品质是教育的产物,那就等于说它们是后天习得的。从这个意义上讲,教育可以被赋予任何一种工具性价值,由此,教育也就没有任何别的重要价值了。

更为重要的是,出现于19世纪的"教育"这一特定概念,是与训练(training)相对而言的。当时,各种学习过程,都会因为有助于一个有教养的男人或女人的发展而被称作具有"教育性"(educative)。这种教育理想,既反对狭隘的专业化,也反对那种与技术发展相联系的日益工具化的知识观。当然,这种教育理想和希腊人一样古老,尽管它先前并没有被当作一个有关"有教养的人"的概念。

一、发达的推理能力

那种有教养的人,并不是仅仅拥有专业技能的人。他可能具备这种专业的技能,但他也肯定拥有相当多自主理解的知识。他有发达的推理能力,能够为自己的信念和行为辩护。他不仅知道一些事情的原因,而且知道某些相关的案例。这不仅是一个有关他所拥有的知识渊博与否的问题;因为一个有教养的人所拥有的理解力,还将改变他看待事物的方式。这将使他在不同的水平上享受生活,因为他不仅有一套基础和基石支撑自己的信念和行为,而且能够根据有条理的概念图式组织自己的经验。

二、广泛的理解力

也有人认为,有教养并不是狭隘的专业化。一个有教养的人,不仅具有广泛的理解力,而且能够将这些不同的经验解释联系起来,从而获得某种认知视角。它会通过两种方式表现出来。首先,他不会拘泥于某一种方式来应对他所遇到的情况。例如,他能够将有关汽车工作原理的知识与其对汽车美学、汽车发展史以及汽车对于人类潜在的益处与危害敏感地结合起来。他既可以将这视为一个让城市规划者头痛的问题,也可以看到它对人类有益的一面。其次,他乐于寻求他所发现的不同理解之间的联系。例如,任何道德判断都以对人们行为的信念为前提,并且,许多道德判断都涉及对行为后果的评估。因此,一个有教养的人在做道德判断时,不会依赖于那种有关他人行为的简单粗暴的解释;他不会忽视已有的社会科学对各种可能的行为后果所作的概括。如果这些问题过于复杂,那么,他势必会去了解相关统计数据。同样,作为一名科学家,他不会忘记科学活动的道德前提,也不会忘记理论的美学特征;只要自己的研究与更广泛的问题(人的行动应当基于什么信念?人应当如何行动?)存在关联,他就一定会乐于寻找这种关联,绝不会漠不关心。

三、为事情本身而做

与那些经常把专业知识与工具价值联系在一起的人相比,那种有教养的人在一定程度上能够为事情本身去行动和认知。他会为自己所做的事情感到高兴,而不会总是询问"这么做能给我带来什么好处?"这同样适用于烹饪,也适用于化学。他会享受朋友的陪伴和音乐会。他的工作不仅仅是为了赚钱而做的杂务。在做事的时候,他不仅会有一种标准感,而且还有一种关联着过去与未来的历史情境感。他的生活不仅充满着连续性，也反映着他为事情本身而做的初衷。

四、教育过程的逻辑关系

所谓教育过程，乃是指种种的学习方式。由此，人们逐渐被引领进入相应的生活形式。如果"手段"被视为一个价值中立且仅与目的存在因果关系的过程，那么，正如服用药物可能与平静的心态有关一样，人们并不会将这些教育过程视为严格意义上的教养手段。因为这些教育过程都是学习的过程，并且总是涉及某种需要掌握、理解和记忆的内容。这些内容，无论是一个技能、一种态度、一类知识，还是一项需要理解的原则，都必须在学习情境中（或许是以萌芽的形式）被告知。因此，如果要使其成为一种学习过程，"手段"和"目的"之间必须存在某种逻辑联系，而非因果联系。例如，如果一个人要学习以数学或道德的方式进行思考，那么，他的学习情境就必须包括某种有关数学或道德的经验。其中，舒适的房间温度、不断的重复练习、教育者对学习者的微笑或奖励，或许有助于学习过程的展开；而且，其中一些学习条件，可能与学习目的之间存在因果关系。但是，在学习情境中，学习者所学习的内容与他学习后的基本表现之间，必须具有某种逻辑关系。

由于教育手段和教育目的之间存在这种逻辑关系，因而就将教育过程的价值纯粹当作一个有教养的人所取得的各种成就，是不恰当的。因为在大多数情况下，手段与目的之间存在这样一种逻辑关系：在学习过程中，产品的价值还处于一种萌芽状态。例如，假设教师安排学生通过解决简单的化学和物理问题来学习如何进行科学思考。一些诸如清晰和精确、寻找证据、检验结果、不篡改数据等科学思维的价值观，在这一学习情境中都会得到体现。[1] 这意味着,从价值的角度看,学习情况与所学知识的运用情况之间几乎没有差异。正因为如此,杜威等思想家宣称,生活的价值与教育的价值没有什么不同,因为学习者和生活者都会表现出诸如批判性、开放性和严谨探究等美德。

另一方面,亚里士多德提醒人们注意另一种类型的道德教育悖论,这实际上也是所有教育的悖论。这是因为,为了养成一个人的公正性格,个体必须做出公正的行为,但是,在他成为公正的人之后,人们就不会再将那些有助于形成公正性格的行为,看作是源于其性格的行为了。同样,在学校做科学研究或朗诵诗歌,也有助于一个人接受教育。但是,在他成为一个有教养的人以后,他对这些事情的看法可能就会迥然不同:他可能是因为这些事情的基本价值而这样做,也可能是因为认识到这些事情与某种信念或行为问题之间的关联而这样做。这就会使得有关这种活动固有价值的辩护变得非常复杂。然而,目前对于这种有关有教养的价值观,人们还没有为其提供任何正当理由。

第二节 教育的工具性辩护

在我们这种类型的社会中,为某种事情辩护的最普遍方式就是,寻找它对共同体或个体的用处;因为我们社会基本上是面向消费的。例如,即使是艺术家的作品,也并不总是因其内在品质的出色而受人重视。相反,更多的人们之所以重视它,要么是被公共展厅中那种舒缓或宁静氛围所吸引,要么

---

[1] 然而,在其他情况下,学习过程与产品的逻辑关系是一个必要的初步阶段,而不是一个完整的实例。例如,阅读通常被作为一种辨别能力来教授。实行这种区别可能被认为是例举了很少有价值的东西。它只作为一个必要的初步阅读敏感和表达的诗歌,或阅读乔治·艾略特(George Eliot)的小说。

是冲着艺术家的声望而去。正如热量通过暖气片输送让人们感到温暖一样，音乐也会通过线路输送让火车站和航空站的人们感到愉悦。无论艺术家和音乐家如何看待他们正在做的事情，人们都可以用这种方式来思考艺术和音乐。人们也会以同样的方式思考教育，尽管考虑到教育所具有的诸多标准，以这种方式思考教育还存在一些困难。为了说明这一点，接下来我将从以下几个方面详加讨论。

一、知识与理解

可以令人信服地说，知识、技能和理解的发展，既符合共同体的利益，也符合个体的利益，因为它不仅能够使人们产生某种满足感，而且能够帮助人们减轻某种罪恶感。一个明显的例子就是，无论技能的内在价值如何出色，人们显然都将其作为共同体生存的必要条件而学习它们。其中，许多技能也的确能够为个体消费者提供诸如食物、住所等一系列的生活条件。

另一个强有力的工具性例证是，它还可以充当知识传递与理解的手段。一般来说，知识对于一个文明的共同体的生存而言至关重要，因为它对人们之间的沟通过程具有非常重要的意义。在此，"知识"至少意味着以下两个方面的含义：其一，个体的所说或所想是真实的；其二，个体拥有支撑其所说或所想的根据。这种观念存在于所有文明社会之中，绝非偶然。就第一点而言，如果人们通常都不坦言自己的真实想法，那么他们的大多数交流形式都将无以为继。因此，在社交上，十分重要的一点是，为了引起人们对真实情况的关注，就势必需要用一个特殊词汇充当人们的沟通符号。就第二点而言，由于可靠性和可预测性在社会生活中有重要价值，所以个体沟通和思考的理由和根据在社会交往中也很重要。大多数的人类行为和信念，都依赖语言手段来表达和传递。如果这种信念完全是基于猜测、内在感觉或者各种预言建构起来的,那么,很难想象人类会有怎样一种可期的社会生活形式。因此,文明社会发明"知识"这一特殊词汇,并非偶然。它意味着使用它的人,对于自己的所说或所想都有着充分的理由。

"理解"同样重要,因为它表明,一个特定的事件可以用一般的原则来解释,或者被证明符合某种模式或框架。通过诉诸一般性或类比,不仅能够提升可预测的水平,而且能够扩大可预测的范围。而且,正如培根(Bacon)[1]、霍布斯(Hobbes)[2]和马克思(Marx)[3]等思想家所强调的那样,知识和理解的发展注定还会产生一种额外的社会效益,因为它能够帮助人类实现更好地管控和利用自然世界这一目的。因此,随着工业化的发展,高度专业化的知识也会具有社会价值。

在一个技术迅速变化的现代工业化社会中,人的理解能力的发展会显得尤为重要。实业家并不要求学校提供大量的专业技术训练,他们更愿意自己来做专业技术训练,或者为员工安排技术学院的课程。如果人们仅仅停留于充当某一专业技能方面的学徒,并且只是获得了一套在特定条件下运用该技能所必需的知识体系,那么,他们就会倾向于抵制变革,而且,当社会不再需要这种特殊技能时,他们就会变得多余。另一方面,如果他们对自己的工作能够再有一些深入的了解,那么,他们至少就会在方法应用上变得

---

1 弗朗西斯·培根(Francis Bacon, 1561—1626),文艺复兴时期英国著名的散文家、唯物主义哲学家、实验科学的创始人,是近代归纳法的创始人,又是给科学研究程序进行逻辑组织化的先驱。主要著作有《新工具》《论科学的增进》《学术的伟大复兴》等。——译者注
2 托马斯·霍布斯(Thomas Hobbes, 1588—1679)17世纪英国著名的政治家、哲学家。他创立了机械唯物主义的完整体系(指出宇宙是所有机械地运动着的广延物体的总和),提出了"自然状态"和国家起源说,并被视为"契约论的先驱"。代表作品《论政体》《利维坦》《论公民》《论社会》等。——译者注
3 卡尔·马克思(Karl Heinrich Marx, 1818—1883),19世纪德国著名的思想家、政治学家、哲学家、经济学家、革命理论家、历史学家和社会学家,同时也是马克思主义的创始人之一,第一国际的组织者和领导者,马克思主义政党的缔造者之一,国际共产主义运动的开创者。主要著作有《资本论》《共产党宣言》等。——译者注

更加灵活,并且也会更愿意掌握新技术。这也适用于社会理解,它在一定程度上也是与他人展开合作的必要条件;因为,正如马克思所指明的那样,技术的变革也将带来社会组织的变革。如果一个建筑工人或一名教师的理解能力有限且态度僵化,那么,他就不可能很好地适应由技术变化所带来的组织变化。

二、理解的广度

社会理解的重要性以工具论的观点表明,"有教养"的另一方面是"理解的广度"。这种"广度"与狭隘的专业化是不相容的。那些打字员、牙医和工会代表不会对他们所从事的服务工作有什么审美上的敏感性,也不会觉察到自己所从事的服务工作处于什么样的历史境遇,面临什么样的宗教困境。正如怀特夫人(Mrs. White)在其相关主题论文中所指出的那样,这种理解的广度乃是民主国家政治教育的一个重要方面。[1] 人们常说,有教养的人比仅受过狭隘训练的人更有能力成为高效的员工。但是,即使确有其事,那也很值得怀疑:或许,这并不是因为他们的理解力和敏感性,而是因为他们在研究各种学科时,已经习惯了使用有关整理文件和想法、把握和收集他人关键信息、明确提出备选方案并权衡其利弊、清晰地写作与表达等概括技术。因此,他们在思想管理方面所接受的学术训练,或许已为他们做管理者铺平了道路。

当然,可能有人会认为,那种有教养的人对专业和行业都有好处,因为其广泛的敏感性,有助于使他们的机构变得更加人性化和更加文明。但是,这种观点试图抛弃那种工具论的观点,它认为心灵品质纯粹只是有助于提

---

[1] See P. A. White, 'Education, Democracy, and the Public Interest', in R. S. Peters (ed.), *The Philosophy of Education*, Oxford University Press, 1973.

高服务效率的手段,而服务的效率则是由诸如利润、患者康复率、粮食产量等显性标准来判断的。一旦工业或专业不再被简单地视为谋取利润、消费品或公共服务的手段,而是被看作理想生活方式的组成部分,那么,与消费相关的价值观就会开始消退。这涉及到有关有教养问题的第三个方面。

三、非工具性的态度

尽管很难说清楚这种非工具性的态度究竟包括哪些内容,但是,人们基本都倾向于认为,这种非工具性的态度应该表现出对活动内在特征的尊重或热爱。这至少可以通过以下几个方面举例说明。

首先,它涉及到人们做这类事情的原因,即人们是因为这类事情本身的缘故而做这类事情,而不是因为那些几乎可以人为附加在任何可以做的事情之上的原因而做这类事情。我的意思是说,大多数事情都可以为了利润、为了认可、为了奖励、为了避免惩罚、为了名声、为了赞美而做。这些原因本质上是外在的,不同于内在于活动概念的原因。例如,如果一位教师因为学生觉得他的教学无聊得让人无法学习而改变了他的教学方法,那么这就是该活动的内在原因,因为"教学"(teaching)意味着教师要把学习的意图带给学生。

其二,如果事情不是为了某种意义上的外在目的而做的,那么,手段的特征也很重要。例如,如果有人想要去另一个城市或国家旅行,除了能够很快就能到达目的地外,他完全不关心其他交通方式有什么优点,由此,他就对旅行怀有了一种工具性的态度。

其三,诸如园艺、教学和烹饪等成熟的活动,都有做好它们的基本标准。通常,这些标准都与活动的意图相关。如果个体关心活动的意图,那么,他就会关心与该意图相关的标准。例如,如果他真的因为想为发现某种事物而探究,那么,他不仅会重视探究思路的清晰性,而且会对相关证据做出仔细审查,并试图消除其中的不一致之处。

毫无疑问,聪明的人会从外部为消费者的利益提供论据,因为他们有能力出于对工作的热爱而非出于某种外在原因去做事情和制作物品。例如,可以说,如果砖瓦匠或医生以这种态度对待工作,而不是专注于自己的薪酬或者他人的满意度,那么,他们实际上就能为公众提供更好的服务。但是,这就像是功利主义所支持的那种论点,如果宗教信仰能安慰信徒并确保其社会一致性,他们就鼓励宗教信仰。在这两种情况下,对实践的研究都是既不考虑其内在性质,也全然不考虑其参与者的想法,而是纯粹从其所产生的外部实际结果来加以评估。当然,这并非一种完全无关或看似不道德的做法。但是,如果它在社会上占据主导地位,那么,随之就会出现一种广泛而阴险的腐败。这是因为,参与一线实践的人的观点越来越不重要了。他们基本上只被当作促进公共利益的工具。尽管他们自己从来没有这样想过,但这种不正常的态度还是会强化现状,使一线实践参与者继续不被重视,更加被工具化。这种不正常的、将人工具化的态度,正是幕后操纵者面对他人的态度。他们为了外部利益而操纵内部从业者,这就是那只"看不见的手"。

第三节 工具性辩护的不完备性

无论是否具有同样的合理性,所有这些从社会利益角度支持教育的论点,都可以诉诸个人利益的角度来加以论证。因为只需要指出,如果某些类型的知识和技能对社会有益,那么,获得其中的某些知识和技能也将是符合个人利益的;因为他必须谋生,而且,他很可能会因为拥有社会所需要的技能和知识获得声望与奖励。不仅这种技能能够使他在技术劳动力市场维持生计,而且很多知识能够帮他在饮食、购房、上交所得税等方面精打细算。因此,与从社会效益的角度看教育一样,从个人的角度来看教育,也同样可以为教育提供一定的工具价值。尽管有关专业知识方面的证据也很有说服力,但是,这些社会理由显然是有缺陷的。到底什么是社会利益?个人工资应该花在什么地方?如果我们这个社会普通赞同个人可以为某物花钱,就是在引诱人们消费(如果允许开销就等于诱导消费),那么,为什么只是赞同人们为某些事物花钱而不是为其他事物花钱呢?应当如何说明其他有关事物的工具价值呢?

那些奉行消费思想的人们给出的答案是,社会利益是由各种形式的快乐和满足构成的。然而,这并非一种明确的答案,因为快乐和满足并非伴随做事而来的心灵状态。更不用说幸福了——无论是游泳、吃牛排还是听交响乐,它们都与所做的事情密不可分。如果有人说这些事情是快乐的,或者是为了它们所给予的快乐或满足而做的,那么,这至少表明他们是以非工具的方式来做这些事情的。这样做的原因,来自于所做事情的内在特征。因此,再说一遍:他们不需要工具性的理由;事实上,这些都是其他事情的目的。然后,可以询问一下:为什么要追求某些乐趣而不是其他乐趣呢?对许多人来说,追求知识也算是一种乐趣。因此,它与任何其他形式的快乐一样,都不需要提供任何辩护。

因此,问题的关键在于,人们是否有充分的理由以及人们究竟是基于何种理由,将知识和理解列入有价值的人生的必要组成部分。在有关教育价值的语境中,这是一个直接相关的问题。因为有人认为,有关有教养的人知识广度的工具性论据并不十分明显。也有人声称,那种有教养的人在一定程度上具有非工具性的观点。这意味着,他并不是单纯地从他所能运用的知识的用途的角度来看待自己的知识。问题是,如何才能证明这一点呢?

第四节　教育的非工具性辩护

有关人的心灵状态与某些活动的内在价值问题,通常都是以询问它们是否"值得"(worth while)的方式提出的。当然,这个词汇经常被用来指涉与外在价值有关的问题。如果一个人被问到从事园艺工作是否值得,那么,他可能会认为这是在问这项工作是否挣钱。此外,这个词也经常被用来提醒人们关注,从事某些事情是否能够给个人带来好处。例如,"他根本就不值得在退休前换工作。"但是,即使用它来指涉事物的内在价值,它也具有歧义性:(a)它可以用来表示,一项很吸引人的活动可能会被证明是一种消磨时间的愉快方式。(b)它也可以指称与专注或享受无关的"价值"(worth)。显然,苏格拉底认为,向年轻人发出质疑是值得的,因为这是一种唤醒年轻人去了解真相的活动。对他来说,这是一种具有终极价值的心灵状态。但是,有时他可能也会觉得这件事有点无聊。因此,让我们从这两个方面探讨教育的"价值性"(worthwhileness)。

一、免于无聊

一个有教养的人,乃是一个拥有一系列与知识和理解相关品格的人。这些都将体现在他说的话、他的情感表达和他的行为上,尤其体现在他花费时间参与的那些活动以及他参与这些活动的方式上。根据当事人的品格和能力,这些活动对他而言,可能或多或少都带有有趣、吸引人或令人着迷的特征。例如,从一个方面来讲,相比那些把钓鱼作为运动的人而言,钓鱼对于一个将捕鱼作为谋生手段的人更具吸引力;但在另一方面,与其说兴趣取决于活动目标的紧迫性,不如说它取决于活动的技巧性——人们在一项活动中所能获得的锻炼、应对突发事件技能的机会越多,这项活动对人们的吸引力就越大。

有些活动(诸如吃饭、性事和打架)之所以吸引人,是因为它们具有显著的愉悦点。但是,建立在有关人类的坚实需要基础之上的,往往是由规则和惯例构成的复杂的上层建筑,而且,这些规则和惯例或多或少也能够使人们沉迷于那些与技巧、敏感性和理解力有关的活动。当规则能够保护活动参与者免受与活动结局有关的残酷效率性打击时,这些活动就会变得"文明"(civilized)。就像猪在食槽里进食一样,人类的进食可能也包括以最快速、最有效的方式将尽可能多的食物送入胃中。只有在形成了能够保护他人免受这种刻板的"自然"行为影响的习俗之后,文明才能开始。随着这些控制活动运行方式的规则和习俗的发展,人们除了拥有这种驾驭规则和习俗的快乐以外,还会产生其他一些兴味和乐趣。

参加这种文明活动,需要相当的知识和理解。拥有相关的知识和理解,至少会让生活变得不那么无聊,与此同时,这可能也会让那些没有教养的人(the uneducated)觉得有些无聊。因此,一个人拥有相关知识和理解的明证就是,他不仅能够让活动内容变得更加复杂,而且能够构想出不同的活动方式。就像舌尖对美味的追求一样,它可以发生在追求愉悦的过程中,也可以发生在有时被视为无聊的职责范围内。而在政治或行政领域,人们既可以把知识视为乐趣,又可以视为职责,开展各种活动所需要的知识程度会有显著的差异。这是因为,政治、行政或商业活动的内容,在很大程度上取决于一个人在从事这些活动时如何看待他自己。

知识影响行为并使行为发生转变的另一种方式是在规划领域——既包括有关达成活动目的之手段的规划,也包括能够避免不同活动间冲突之方案的规划。这正是它在有关幸福、知识整合与灵魂和谐等问题上的应用。

问题不在于是否应该为了别的事情而沉迷于某件事,而在于沉迷于某项活动是否与沉迷于另一项可能同样值得的活动相兼容。一个男人很难平等地表达出自己对高尔夫的热爱、对园艺的爱好和对女孩的爱欲,除非他制定出自己的优先秩序,并制定出某种时间分配表。在这一规划领域使用理性,不仅仅可以确保人们活动的一致性,避免由冲突所带来的不满情绪,而且寻求生活中的秩序及其实现本身就会给人带来极大的满足感。知识的发展,离不开分类和系统化。其中,有关富有挑战性的学习材料的熟练掌握、秩序安排和系统建构,还会给处于具体操作阶段的儿童增添一种额外的满足感。而抽象思想能力的发展,则会成为儿童的强大快乐源泉。对建立秩序的热衷,不仅渗透在柏拉图对理性的描述之中,也被弗洛伊德视为文明的主要来源。

他们对知识追求的倡导,为知识、进而也为教育提供了另一种辩护。到目前为止,那些能让人避免无聊的知识,都局限于如何影响其他活动,从而改变其他活动。然而,另一种强有力的理由是,那些能够避免无聊的知识提供了一系列活动,这些活动不仅以发展自身为目的,而且能够在满足秩序感之余为人们提供无穷无尽的兴趣和充实感。

自柏拉图以来,哲学家就强烈表示:对知识的追求,能够给人带来最持久的满足感和专注力。他们声称(尽管并不完全令人信服),与追求真理相比,大多数活动的目的都带有某些明显的缺点。例如,饮食和性行为的结束,在很大程度上取决于身体状况,而身体状况具有周期性,正是这种周期性限制了在饮食和性行为上所能花费的时间;而理论活动(theoretical activities)则明显不受此类限制。理论活动不会出现产品稀缺的问题,因为即使有许多人都在专注于真理的追求,他们也不会阻止其他人去做同样的事情。正如斯宾诺莎所强调的那样,这个对象并不存在消亡或消逝的问题。

此外,理论活动还能为人们提供无尽的运用辨别力的机会。大多数活动都是在不同的条件下以不同的方式造成相同的事态。正如这一场桥牌游戏不同于另一场桥牌游戏一样,这一顿饭也不同于另一顿饭。但是,它们都具有一种静态性,因为它们都有一个可以通过有限方式实现的自然目标或习俗性目标。在科学或历史领域,并不存在这种可以实现的目标,因为真理并非一个可以达到的目标,而是一种确保进步性发展始终可能的后盾。去发现一些东西,去证伪前人的观点,必然会促使新的事物被发现,新的假设被证伪。因此,必须要让理论活动者拥有无尽的机会去进行新的辨别与判断,去发展出更高的相关技能。因此,一个有教养的人,只要能够保持对各种知识形式的不断学习,就会专注于各种各样的追求。他所拥有的广泛兴趣,将最大限度地降低其无聊的可能性。

这些论点很有分量,但并不完全令人信服。因为即使是一个有教养的人,也可能认为这些观点是片面的。关于活动结局的性质,他可能会认为,转瞬即逝对于某些追求的吸引力至关重要。如果高潮点太过持久,那么品酒或性活动会是什么样子?难道那种装备简陋的旅行就不值一提吗?快乐的强度不是和快乐的持续时间一样重要吗?可能还有人会说,那些有关追求知识的开放性和进步性的论点所呈现的生活愿景,实在是太让人乏味了。它太有约翰·杜威和开拓精神(frontier mentality)的味道了。它太少考虑人性中的保守面向,太少考虑人对日常生活的享受需要以及那些老生常谈和熟悉事物所能给人带来的安全感。

二、理性的价值

然而,有关通过追求知识或发展知识来改变其他活动的论点,其主要反对意见并不存在于这些论点本身,而是完全在于其论证形式。其先决条件是,撇开有关正义或公共善方面的直接道德论据,人们不得不为政治科学或政治智慧提供一种纯粹享乐主义的辩护。当然,这并不是说,教育对于人的专注力和满足感的发展并不重要——尽管随着现代社会闲暇时间的增加,诸多工作的无聊性特征会显得尤其突出——而是说,这只是证明教育正当性的一种方式。为了获得更为全面的认识,我们必须转向另一种意义上的"值得"观。

在上一部分,我已经阐明了"知识"(knowledge)和"真相"(truth)之间的联系。"知道"(know)意味着一个人的所说或所想都是真实的,并且个人有理由相信自己的所说或所想。那些功利主义的案例,简要说明了知识概念的有用性以及知识在社会和个人生活中的重要性。但是,关注真相还有另一种价值。它还具有独立于其所能带来好处之外的价值。事实上,如果一个人具有找出真相的决心,并且拥有一种不被事物表象迷惑或误解的心灵状态,那么,这种心灵状态就可以被视为一种作为终极价值的利益标准。这是苏格拉底在柏拉图的《高尔吉亚》(Gorgias)篇中回答卡利克利斯(Callicles)之问的核心观点。以这种方式评估真相的人可能会发现,不断努力让自己的思想从偏见和错误中解放出来是痛苦的;他有时可能还会觉得厌烦和无聊;但是,这对他至关重要,即使他没有达到他所能接受的理想状态。

为进一步解释这一理想,这里必须简要提出以下三个论点。其一,不存在某种被假定的理想结果。应当理解,错误总是可能的。那种消除错误的尝试,与不出错的状态一样重要。其二,不存在被假定的实证主义的真理观,它声称只有在经验科学、逻辑和数学领域才能做出真实的陈述。相反,这个词汇被广泛用于道德和理解他人等领域,在这些领域中,人们可以给出支持或反对某种判断的客观性理由。其三,任何以此种方式决定问题的尝试,都离不开这样一组原则性的美德:讲真话和真诚、思想自由、清晰、非武断、公正性、相关性、一致性,尊重相关证据及其提供者。任何真正运用理性回答问题的人们,都必须接受这些美德。

那么,这种对真相的关注,与那种有关知识和理解之合理性的辩护之间有什么关系呢?当然,没有它,人们连那种辩护活动本身都无法理解。如果要为做 X 而非 Y 寻找理由,那就必须首先以某种方式对 X 和 Y 做出区分。为了区分它们,我们必须依靠现有的辨别形式,将它们定位在某种概念图式中。例如,如果一个人要在行医或经商之间做出选择,那么,他对这些活动的了解就是他进行选择的一个先决条件。一个人对这些活动的了解,乃是一项开放式的业务,这取决于他如何构思这些活动以及他对这些活动诸多方面的探索。因此,有必要诉诸各种形式的开放式理解。这种探索至少必须在这样一个前提下进行,即要消除对这些活动内容的明显误解。换言之,这里面存在一种假设:虚假的东西是不可信的,而真实的东西是可信的。

其次,如果要给出选择 X 而非 Y 的理由,则必须证明 X 具有 Y 所缺乏的、与其价值或可欲性相关的某些特征。如果吸烟会对健康构成实际的威胁而口香糖不会,假定健康是可欲的,那么,二者都是影响健康的相关因素。而这反过来又预设了两种类型的知识,一种是关于吸烟与口香糖对健康所造成影响的区别,另一种是关于健康的可欲性。当然,关于健康的可欲性,人们还可以做出进一步的追问,可能还会触及道德哲学中有关终极目的是否存在及其认识论地位的问题。但是,这些探索无论结果如何,也都是为了进一步澄清和理解支撑人们行为选择的理由。也许追问者会谨慎地说,他最终得到的是"知识",但是,至少他可能也会声称,他已经消除了一些错误,并对所涉及的问题有了更清晰的理解。作为寻求真相的组成部分,而非个体可能存在私人偏好的某种程序,真理的探索者必须在理性讨论中遵守以下程序:拒绝武断的断言,避免不相关的考虑,质疑归纳性结论的证据基础。如果这种探究连消除混乱和错误这一底线价值都不具备,那么,我们就很难将它视为一种公共实践。

应当承认,正当性和知识形式之间存在联系,因为寻求相信或做事的理由,就是寻求只有在知识和理解中才能找到的东西。但是,在寻求真理的过程中,可能会出现以下三种难题:第一,可能会有人质疑辩护本身的价值。第二,可能会有人认为,这并不能确定知识广度的价值。第三,可能会有人认为,它所确立的仅仅是试图发现真相的工具价值。这三种难题必须依次得到回应。

1. 辩护的价值

质疑辩护本身价值的困难在于,任何并非轻率提出的质疑,都有其价值前提。因为讨论它的价值,就要立即提出支持或反对它的理由,这本身就是做出进一步辩护的例证。这并非如人们所认为的那样,是一种为了为难怀疑论者而诉诸纯粹人身攻击(ad hominem)的论点。这是因为,那些不思考的人们之所以应该更多地关注自己的行为、思想和感受,正是由于他们所接受的乃是一些存在争议的价值观。因此,如果不为一项活动预设一种其所固有的价值观,那么,人们也就无法为其提供任何理由的辩护。

人们可能会认为这有点武断,但事实并非如此,因为"武断性"(arbitrariness)乃是一种只有在可以给出理由的情况下才适用的指控。一方面,找出寻找理由所预设的价值观,是为了明确指出其被指控的武断性所在;另一方面,那些否认辩护价值的人们往往自己就犯了武断性的错误:他们并不是通过其所预设的证据来抵制辩护,而是通过不加思考地依赖自己的内心感受或其他人所说的话来抵制辩护。由于人类生活在一个无法逃避理性要求的环境,因而他们最终也无法通过此类方法来满足人类共有的这一理性要求。因此,任何依赖此类武断证据就要求他人都必须接受其主张的人都是应当受到批评的,因为他所采取的程序根本就达不到那种可接受的要求。

要正确解释这一点,可能需要专门写一篇关于人类作为理性动物(rational animal)的论文。这里所能提供的,只是对人类生活所固有辩护需求的大致轮廓的简要描述。人类和动物一样,从一开始就对环境(包括其中一些伪造的环境)抱有期望。随着语言的发展,这些期望逐渐成形,人类开始使用特殊的词汇来评估这些期望的内容,以及如何从认识论的角度来看待这些期望。例如,像"真"(true)和"假"(false)这样的词汇被用来评价内容,而"信念"(belief)一词则表示与真相符合的心灵状态。感知(perceiving)和记忆(remembering)的区别在于它们内在的真理主张,而不仅仅是想象。知识(knowledge)与意见(opinion)之间也有着类似的区别。在学习的过程中,我们能够根据过去的经验逐渐达到正确的标准。此类充斥在我们语言之中的评价,见证了理性对我们感性的要求。它反映了我们的现实处境,即作为一种会犯错误的生物,在一个有待发现规律的世界中遭受恐惧和愿望的困扰。

同样的观点也适用于人类行为。因为人类不会像飞蛾扑火一样朝着目标前进,他们并非仅仅由本能设备编程的机器。他们会设想目标,仔细思考目标及实现目标的方法。他们既遵循规则,也会修改和评估确实会影响行为的每一项规则的特征。在这方面,可将评估与一个人从悬崖上摔下来或者一个人被锤子击中膝盖做出膝跳反射的情形进行对比。诸如"正确"(right)、"好"(good)和"应该"(ought)这类词汇表明,评估程序在持续审查和监控着人的行为。

由此可见,人是一种生活在理性要求下的生物。当然,他也可以是不讲理的(unreasonable)或非理性的(irrational);但是,也只有在理性匮乏的情况下,我们才能理解这些术语。即使是一个不讲理的人,他也会有自己的理由,只不过他所拥有的是一些糟糕的理由;而一个非理性的人,则会不顾理性而行动,或是为其所坚守的信念而行动。这是否有助于证明这样一个假设:只有在理性要求得到承认并被融入人类生活结构之中的情况下,人类生活才是可理解的?它的确有助于证明这一点,因为它清楚地表明,理性的要求不仅仅是一个具有反思意识的人的一种选择,而且任何人从婴儿期开始都试图感知、记忆、推断、学习和调节自己的需求。如果他要这样做,他就必须求助于某种评估程序。否则,他如何决定应该相信什么或者应该做什么呢?在早年时期,所有人都是由他们的长辈引领进入人类生活的,并长期依赖与权威和习俗有关的行为程序。他们习惯于相信别人告诉他们的话,做别人所做的事情以及别人期望他们做的事情。许多人依靠这些行为程序来管理他们的大部分生活。然而,这一事实只能反映人类的心理过程,而不能反映他们的真实处境(the logic of the situation);因为这些程序并不能满足他们对于真理的根本欲求。鉴于信念乃是一种与真理相适的态度,任何陈述都不会因为一个人或一个团体宣称它是真实的而变成真理。对于那些言语值得信赖的人而言,他自己必须掌握某种可以确定何为真理的认知程序。最后,必须要有一些程序,它们既不取决于别人所说的话,也不取决于与陈述的真实性相关的各种理由。因为许多陈述的真实性取决于人类共有的感官证据,同样,行动的理由也与人类共有的需要有关。在生活的某些领域,依赖权威可能有充分的理由;但是,从逻辑上讲,这种权威只能被视为一种临时性的存在,而不能被视为真实、正确和善良的最终源泉,因为它违背了人类的态势逻辑。

因此,那些长期依赖习俗或权威的人会受到批评,因为他们所依赖的评估程序,终究并不符合信念和行为的本质要求。因此,说人类应该更多地依靠自己的理性、应该更多地关注直接的正当理由,也就等于宣称他们之前所做的工作出现了系统性的错误。这并不是要将一种生活的要求建立在另一种人类生活特征的基础之上,因为这会犯下自然主义的谬论(因为这将重复古希腊功能学说所犯的错误),而是说人类生活本身已经见证了理性的要求。如果人们不接受这样的要求,他们就很难理解自己的生活。但是,假如他们已经接受了一种错误的行动方式,并且这种对真相的关注已经成为人类生活的共识,那么,他们的有些行动程序也终将被证明是不符合真理表达的相关要求的。

当然,这并不是说人类生活就不存在诸如关爱等其他一些价值特征,更不是说人类生活的其他价值问题就没有真理问题重要,而只是说至少应当为满足理性对人类生活所提出的公共要求做出一些必要的努力。例如,如果一个人因为某些明显虚假的描述而觉得自己是被爱的,那么他就是错误的。同样,如果一个人因为混淆了爱与被爱而误以为自己爱一个人,那么这也是一种应当受到批判的错误。

这种将知识和理解建立在主观臆想基础之上的论点,并不构成人们追求任何知识类型的依据,而只是指出了那种与信念、行为和情感的评估相关的知识的重要性。例如,它并不表明,积累大量信息、背诵数十个电话簿中的名字是有价值的。不过,它与一个有教养的人所拥有的知识倒是完全一致的。这是因为,有教养意味着通过概念图式的发展和系统化,来改变一个人对世界的看法。它倾向于询问事物的原因,而不是去拥有大量的怀特海所谓的"惰性观念"(inert ideas)。

2. 广度的理由

然而,可能仍然会有人声称,这种类型的论证只是显示了某种知识的价值,而并没有确立那种有教养的人所具有的理解广度的价值。毕竟一个人既可能只是在为某种信仰寻找基础(如经验基础),也可能只看重哲学。

有关理解广度的论据,源自于辩护和知识形式之间的最初联系。因为如果必须要在备选方案之间作出选择,那就必须以某种方式对这些方案进行检验和区分。人们未必总是会去检验这些方案,但是,必须对它们做出区分,才能将其列为一个选项。任何人都可以对某些活动进行描述,因此,有关这些活动价值的讨论,并不只是一个观察问题。因为它们在某种程度上取决于人们是如何设想它们的,而这种设想却因人而异。例如,倘若要在烹饪之类的活动与艺术或科学之类的活动之间作出选择,那么,人们会强调这些活动的什么特征呢?许多诸如国际象棋或数学这样的活动,如果不经过一段时间的引领入门,人们是很难理解的。但是,他们并非只是单纯地参与其中,而势必会以某种方式看待这些活动。这将取决于他们所能运用的理解形式以及个人对这些活动的了解程度。因此,以武断方式剥夺个人获得各种理解形式的权利是不合理的,因为这些理解形式可能还会给他带来其他的可选择方案。这是本文有关教育中的理解广度的基本论点。

在教育情境中,我们必须向他人积极推荐这种广泛的理解形式,因为这可能有助于他们评估自己所面临的诸多开放性选择。非常重要的一点是,在像我们这样的社会中,有许多向个体开放、鼓励他们自主选择的生活方式。但是,那种合乎自主性要求的价值观,要求对教育所传递的内容进行批判和直接评估,而如果自主性缺乏其固有价值,那么,这种合乎自主性要求的价值观将是不可理解的。事实上,这在很大程度上就是自主价值的实现问题,它不仅需要对规则和活动进行批判性反思,寻找其中所涉及的理由,而且还需要切实拒绝有关间接因素。我的意思是说,一个思想陈腐的人会按照别人所说去做。他之所以去做这些事情,是因为他所做的这些事情牵涉到他人的认可。这类原因只不过是他为做某事而寻找的借口。凭借这类原因,他可以去做一切事情,而并不限于去做某一件特定的事情。例如,如果人们不吸烟是因为他人不赞成吸烟,那么这与吸烟可能导致肺癌并没有关系。正如休谟(Hume)[1]在道德背景下所说:"除非人性中存在某种能够使人产生不同于其道德感的行为动机,否则,任何行为都不可能是美德或者道德上的善。"同样的观点,也适用于诸如美学、科学、宗教等其他形式的判断。因此,如果要帮助个人以一种真实的、直接的方式来区分他所面临的可能性,那么,就必须要引导他接触不同的推理形式,这些推理形式采用不同的标准来判断某人做出某行为的动机和理由。

这种有关理解广度的争论的一种必然结果是,从"自由教育"的角度来看,某些形式的知识比其他形式的知识更有价值,即某些形式的知识会对人的概念图式和理解形式产生更深远的影响。诸如科学、哲学、文学和历史等理解形式,都具有广泛的认知内容。这些知识形式所具有的特征,区别于那些擅长游戏和实践技能的人所拥有的"知道怎样做"(knowing how)的知识。这不仅是因为诸如骑自行车、游泳或打高尔夫球等活动的知识含量有限,而且,人们从这些活动中获得的知识,也几乎无助于他们从事其他许多活动。

另一方面,科学、历史、文学欣赏和哲学都有着广泛的认知内容,这也给它们赋予了其他比较缺乏知识含量的活动所不具备的价值,诸如:对生活不同方面的解释、评估和阐释。因此,它们可以不知不觉地改变一个人对世界的看法。所以,有关科学、哲学和历史等学科活动的关键在于,它们不需要像游戏一样被孤立和局限于特定的时间和地点。一个系统性地追求这些知识的人,可以通过发展自己对世界的概念图式和评估形式来改变他所做的

---

[1] 大卫·休谟(David Hume,1711—1776),18世纪英国著名的哲学家、经济学家、历史学家,被视为是苏格兰启蒙运动以及西方哲学历史中最重要的人物之一。主要著作有《英国史》《人性论》《道德原则研究》《人类理解研究》《宗教的自然史》等。——译者注

一切。

  3. 一种工具论？

  但是，可以说，这只是显示了理解广度与想象力的工具价值，而没有表明人们应当出于其他理由去追求各种知识形式，尤其是在他们感觉十分无聊的时候。这一论点也表明了体育的重要性。因为倘若没有一个健康的身体，一个人在以行动回答"为什么要这样做而不是那样做？"的时候，可能就会表现出一副有气无力或者懒散邋遢的样子。因此，它似乎为身体健康原则提供了一种先验演绎论证！如果要证明这一演绎论证的经验联系，那么，这种看似正确的演绎推论，并不能证明体育锻炼除了工具价值之外还有什么别的价值。

  然而，对比有关体育锻炼和追求知识之间的辩护，会觉得它们之间有点难解难分。这是因为：前者意味着一种经验上的必要条件，因而也被恰当地看作追求知识的一种工具性条件；而后者则通过诸如"相关性"（relevance）、"提供证据"（providing evidence）、"启发性"（illuminating）和"解释性"（explaining）等逻辑关系将知识与经验联系在一起。事实上，后者存在于那种与辩护相联系的教育类型之中，它意味着教师要为学生提供各种可选择的学习途径，但它并非第一节第四部分所述的那种工具性关系。在这种论证式的教育中，个体通过自身所掌握的人类辛苦开发的科学、历史、文学等各种理解形式，来探索他所面临的无限可能世界。这一学习过程与其疑问情境之间，存在着一种逻辑关系，而非因果关系。随着理解力和想象力的增强，他将愈加清楚地阐述自己将面临的各种情境，在各种不同形式的探究活动中，他将从更广泛的视角，把原先情境中的种种价值观具体地展现出来——诸如：尊重事实和证据、精确性、清晰性、拒绝武断性、一致性以及那种普遍的追根究底的决心。例如，如果他认为有一种可能性对他来说是可取的,那么,他就必须像前面所讨论的那样对之做出某种描述。接下来的问题是:这种描述是否真的适用,以及是否存在任何其他方式来看待这种可能性。由此,伦理问题立刻就会转化为其他类型的问题。这种教育探索所固有的诸如一致性、相关性和清晰性等理性价值,放大了起始价值,使之显而易见。

重要的是,要强调理性的价值。它是人们试图以更清晰和更精确的方式区分备选方案的固有价值,而非疑问和知识形式之间所存在的那种"手段-目的"类型的联系。正如前面(见第二节)有关学习如何阅读和阅读乔治·艾略特(George Eliot)之间的关系一样,后一种联系往往既符合逻辑关系,也符合"手段-目的"类型的联系。苏格拉底似乎放弃了对物理科学知识的追求,转而致力于伦理学和心理学。可以说,抛开其他问题不谈,他很可能认为他应该深入研究心理学问题,因为这些问题与伦理学问题存在逻辑联系。他有理由进行这种客观探究,但他并不认为这是一种"为了事物本身"的知识形式。但是,在回答和提出辩护性问题的过程中,关注真理的价值体现了为什么他对此的理解是错误的。其中的关键点是,关注真理的价值就在于,把辩护的理由解释清楚,这个过程是必不可少的。换言之,理性的价值,并不在于获得知识本身,而在于回答和提出这类问题所固有的理性要求:回答要有证据,问题要够明确,备选方案要够清晰,观点要避免自相矛盾,相关因素要做探究,结论要避免武断。总之,理性应用与知识获得之间所具有的这些特征,反映的是一种监督和保证的关系,而非工具类型的关系。它们也反映了那种隐含于我们的思想和行动之中的理想,而吸引我们迈向这一理想的,乃是我在其他地方所说的"理性的激情"(rational passions)[1]。这一理想可能会把我们引向那种我们认为本身并不特别吸引

---

1 See R. S. Peters, 'Reason and Passion', in G. Vezey (ed.), *The Proper Study*, Royal Institute of Philosophy, London, Macmillan, 1971.

人的探究类型。

在本节中，关于"关注真相"（concern for truth）和"理性要求"（the demands of reason）已经讲了很多。这些词汇所凸显的价值，并非那种让无数真实命题显得重要的消费价值。从这个意义上讲，致力于追求知识可能很吸引人，也可以用"值得"一词的首要含义来说明这一点。不过，现在已经无人再持这种观点了。理性的价值在于知识的质量，而不在于知识的数量或者其减轻无聊的能力。有人声称，理性所固有的价值，就是要求人们理性地审查自己的所做、所想及所感。

这并不意味着，仅仅因为人们需要真理来满足自己的需求（包括他们对知识本身的需求），就说"关注真理"具有工具价值，除非人们从一种非常普遍的意义上使用"需求"这一概念，即人们所重视的一切事物，也必定是他们某种程度上所想要的东西。这是因为：其一，需求总是基于某种信念描述的需求，因此，需求几乎都需要经过理性审查。其二，最令人困惑的问题是，日常意义上的"需求"是否就意味着人们应该做他们想做的事。其三，"工具性"（instrumentality）这个概念本身，就已经预设了理性的要求。因为，正如康德所说的那样，为一个目的采取一种手段，预设了这样一种理性公理：渴望得到目的，就是渴望得到手段。因此，理性的需求，预设了我们将以工具性的方式来思考它的价值。

另一方面，对真理的要求，并不是一种在某种意义上永远不会被超越的绝对要求。在某些情况下，如果存在某些其他更为紧迫的价值，那么它可能就会超越真理的价值。例如，一般来说，人们不应该忽视他们对自己或他人应该做的事情。但是，在某种情况下，假如某人明显处于生死关头，可能就会有人认为，如果一个人为了满足真理要求就得承受巨大的痛苦，那么他就不必对真理要求太过执着，毕竟理性价值只是一种价值类型。除此之外，正如我在开篇所指,还存在着诸如关爱他人、避免痛苦等其他价值。但是,这种存在价值冲突的情况,并不影响关注真相所具有的一般地位。正如福斯特(E. M. Forster)所说:"是的,相比我们为爱或快乐而战,更为重要的是为真理而战。真理很重要。真理真的很重要。"[1]

这种关于知识价值的论证,有助于解释有教养的内在价值,它不仅关系到如前所述的知识广度,而且关系到所谓"认知视角"(cognitive perspective)。这意味着,一个有教养的人,并不是一个头脑中充满了支离破碎的知识的人。他所知道和理解的知识,应该具备一致性、相关性、证据、内涵和其他诸如此类彼此关联的理性联系。如果他的知识以这种方式联系在一起,那么,他所拥有的就是具有某种"综合性"(integrated)的知识。某些研究可能会有助于这种认知视角的发展:例如,哲学会对不同类型知识的基础及其相互关系做出明确的考察,而文学则会对人们在复杂情况下做出的复杂判断和情感反应进行富于想象力的描绘。

那些偏爱特定教育方法的人可能会认为,儿童在开始对各种人类状况感到困扰或好奇之前,不应该开始诸如文学、历史和哲学领域的探索。当然,如果在探索知识时,不以内部的困惑和个人关注为中心,而是转向外部并对外部世界进行探索,那些问题可能就会变得更具真实性,并且能够以例证的方式为其固有价值提供直接辩护。然而,其他人可能会认为,人们之所以会产生这种担忧和困惑,其中一个原因就是因为他们被引领进入了人类遗产之中。这种富于想象力的情境,对于那些在世界上扮演信徒和选民角色的人们而言可能是必要的。但是,这种认知方式也存在着间接辩护的风险。此外,个人可能建立知识与生活世界的联系,却无法将其在特定环境中

1　E. M. Forster, *A Room with a View*, Harmondsworth, Penguin, 1955, p.218.

习得的价值观转移到更广泛的环境中。例如，一个人在学习历史或社会科学的过程中，可能会被当局无情地要求为各种假设提供证据。但是，当他不得不对政客们提出的政策做出评判时，他可能就不会向他们提出这种同样无情的要求。这在一定程度上说明了有关学习迁移的实际问题。但是，我认为，它并不影响这一基本观点：辩护与各种有助于辩护的理解形式之间，具有一种非工具性的关系。

因此，在纯哲学的语境中，可以说，对辩护的要求，是以接受其中所隐含的价值为前提的。然而，在教育的语境中，教师必须以某种方式引领儿童进入与辩护特别相关的理解形式。当然，对于这种非工具性的关系，存在这样两种方式的解释并非偶然。这是因为，教育的过程就是人们认识和理解的过程。在这一过程中，随着时间的推移，通过学习的方式，人们逐渐将那些隐含于论辩中的种种价值观和思维步骤一一实现。按照正确的理解，教育就是在尝试实现苏格拉底的教诲："未经审思的生活是不值得过的。"

第五节 非工具性的态度

有人认为，一个有教养的人的特点，不仅在于他对知识和理解的持续关注，而且在于他对活动采取某种非工具性态度的能力。问题是，如何证明这种态度的合理性呢？其实这不难；因为有关它的辩护就隐含在前面所说的话语中，它是以寻求辩护的决心为前提的。如果有人反问自己"为什么这样做而不是那样做？"那么，这就证明他已经发现了必须在哪个活动节点停止使用工具性的辩护，而且，他也势必会认为正是这些活动终结了这种工具性的辩护。人们之所以会追问自己的生活模式"这一切的目的是什么？"（what is the point of it all），就是为了澄清自身生活的内在特性。除非人们能够对来生或下一代的生活发出同样的追问,否则,我们就无法将这种常用的"目的"(point)问题应用于对当下生活的追问。因此,一个严肃追问这类问题的人对这种态度并不陌生。事实上,我们无法从这种反思能力推断出,这将在何种程度上、以何种方式改变他的生活。从一定意义上讲,这是一个经验问题,但又不完全是经验问题,因为人的一般反思能力与其相关具体实例之间存在逻辑联系。

然而,到目前为止,正如重视知识和理解一样,一个有教养的人也十分重视非工具性态度中的这一要素:这种非工具性的态度需要注意的,是他所面对的事物的现实特征,而非由他自己的欲望所决定的一孔之见(tunnel vision)。他所应当关心的是"外界"(out there)有什么。即使是从最粗略的层面看,如果一个人仅仅把一条鱼当作充饥的方式,或者仅仅把一杯酒当作解渴的方式,那么,他也将忽略它们所具有的一系列特征,从而也就无法区分同类食物之间的口味差别。同样,他不会想到用一个漂亮的玻璃杯来装牙刷——当然,除非他认为这个玻璃杯值很多钱,而且他有可能会不小心打碎它。在性活动中,他也会将女人视为满足欲望的必要对象,从而漠视她作为一个人所具有的个性和观点。他只会听取与他有共同目的的人的意见,或者通过他们的言论为他自己的自我展示(self-display)提供跳板。他对人和事物的兴趣,仅限于自己能够利用它们。然而,他却对"外界"事物缺乏兴趣和关心。

另一方面,一个追问"为什么这样做而不是那样做"的人,已经认识到其自我中心视野所具有的局限性。他不满足于过一种未经审查的生活。他想知道,他所想要的东西是否真的值得要,或者他是否真的想要。他想知道自己的需求有多重要。在尝试查明情况的过程中,他可能会发现一些情况根本不符合他的需求,而且确实可能与他的需求背道而驰。例如,一个未经深思熟虑的商人，可能会去一个不发达的国家建立工厂。但是，在深入了解在那里建厂所涉及的诸多细节后，他可能就会愈发意识到，这必将对当地人的生活方式造成一种干扰。他可能"不想知道"，也可能开始质疑整个规划。如果他开始质疑商业生活的这一特点，那么，他可能就会开始更加普遍地质疑其他生活方式。

另一个方面，是与工具性态度相伴的时间观，因为工具性态度所在意的好处总是存在于未来消费之中。为了未来的事情，必须让当下赶快过去。这种工具性态度的持有者，肯定不会活在当下，也不会把当下作为其探究的对象。对于一个使用理性的人来说，这种态度与那种相反的崇尚即时满足（cult of instancy）的生活态度一样不合理。正如西季威克（Sidgwick）所说，对于一个理性的人而言，"今后的事情，既不会比现在多，也不会比现在少。"[1]因此，一切有关即时满足或延迟满足的主张，都必须给出不受时空限制的理由。例如，"如果你等待，你将根本无法得到"或者"如果你等待，你将拥有更多。"对于一个人来说，重要的事情是建立对象与情境之间的联系，把握二者的特征及其与自身生活之间的联系。因此，重要的不是当下或五分钟内就可以享受到的吸烟之乐，而是当事人如何认识吸烟这回事及其与生活中其他事情之间的关系。正如性活动一样，是否可以认为吸烟不仅是一种身体上的愉悦，而且也是一种爱的表达呢？它能像跳舞一样以充满技巧和优雅的方式完成吗？它与其他有害的人类活动之间又存在怎样的关联？

当然，说一个人具有非工具性的态度，并不是说他会沉迷于某些活动而非其他活动。它仅表明，他将以何种方式开展和设想这些活动。尽管他并

---

[1] H. Sidgwick, *The Methods of Ethics*, Papermac edn, London, Macmillan, 1962, p.381.

不总是为了某种外在的目的而做事,但他首先会乐于按照某种外在所要求的标准好好表现。换言之,他会对外在所要求的标准抱持关切。但是,这种关切也会影响其活动目的。他会谦恭地接受活动特征的给定性与活动标准的客观性。他能够觉察该活动与生活中的其他事物之间的联系,并留意过去、未来以及当下所做事情的时间节点。事实上,正如斯宾诺莎(Spinoza)所说,他应该能够"从某种永恒的视角"审视自己的所作所为。

第六节 结论性问题

这种辩护方式,引发了一个悬而未决的重要问题。在正义和最大限度减少人际交往领域的苦恼等道德价值之外,人们区分了两种支撑一个有教养的人的生活的价值观:其一是与避免无聊相关的价值观,它为求知赋予了崇高的地位;其二是理性要求所蕴含的价值观,它产生了诸如谦逊、憎恨武断、一致性、清晰性等美德。如果一个理性的人要审查自己的信念或行为,那么,这些美德就将支配他的探究行为;但是,他未必会觉得这种审查很有趣或者令人着迷。

现在,正如第一节第四部分在处理各种教育过程问题时所述,一个人只有在追求诸如科学、文学等理论活动,和/或需要一定理解力的实践活动中,才能"变得"(become)有教养;但是,那些已经变得有教养的人,为什么还要投身这类活动之中呢?为什么他会选择将大量时间花费在阅读、参与讨论或者工程等技能性要求很高的实践活动上呢?当然,有时,他在承认理性要求的同时,可能也会觉得自己在某些问题上,负有一种通过寻求有关自身信念和行动信息来启发自我的义务。他的这种做法,合乎无私追求的标准。但是,他为什么应当寻求这样的追求呢?在道德领域,人们也会提出类似的问题:为什么一个接受正义原则并且在生活中能够通过行动和必要探究履行正义要求的人,应该像法官或社会改革家所从事的工作那样,将促进正义作为一种义不容辞的活动呢?同样,在这个值得追求的领域中,为什么一个有教养的人就不应该满足于一份要求不高的工作(即使这项工作能够使他拥有足够的时间从事他除了吃饭、晒太阳和偶尔与妻子做爱之外真正喜欢的打高尔夫球活动)呢?当然,他能够认识到那种能够拓展自身经验与理解力的更具杜威范式的生活的意义。他所看重的,既不是市侩,也不是工具价值。他只是喜欢他的高尔夫运动,而不是任何一种更费心智的追求。在他看来,高尔夫于他而言的价值,正如科学于其他人而言的价值一样。

正如前面所已经指出的那样,运用理性本身就包含两种价值例证,那么,我们能否据此对上述问题做出回答呢?一方面,他是出于好奇心和对秩序等方面的热爱才这么做的。可以说,人类"天生"(naturally)就无法容忍期望与体验之间的落差。这就是他们之所以会根据皮亚杰提出的动机认知理论进行学习的原因。另一方面,还存在与运用理性相关的规范性要求,即应当消除思想上的不一致和混乱,应当寻求证据,避免武断。想象一下:一个不为好奇心和解决问题(sort things out)的欲望所动的人,是否能够接受后一种价值呢?这难道不是说,在道德领域,即使人们缺乏某种自然的同情心,那种作为一种道德态度的尊重人的价值观,也是可以存在的吗?

在理性运用的"自然"性和规范性之间,可能存在一些并非纯粹偶然的关系,这种关系可能类似于同情和尊重之间的关系。不过,这个问题可能需要另文阐释了。就本文而言,关键问题在于,这些关系是否能够担负起为教育的正当性辩护的重任。它或许可以表明,接受理性的要求是以诸如好奇心和对秩序的热爱等"自然"(natural)激情为前提的。但是,这是否足以证明,一个有教养的人,不仅必须以理性的方式对待自己的信念和行为,还必须采取一些旨在维护他们自身利益的追求（这些追求要么能够为他们的好奇心提供足够的空间，要么要求他们承受与自身所需要的理解水平相当的精神负担）呢？在我看来，杜威所谓学习必须始终以自发的兴趣和好奇心为导向的教育方法似乎并不恰当，因为许多人虽然在从中小学和大学毕业的时候就已经具备了一定的理性成熟度和思考能力，但是，他们却对经常进一步要求他们做出开放性理解的理论追求或实践活动缺乏热情。难道不能将他的方法视为一种旨在缩小这两种价值之间差距的尝试吗？这难道不意味着，由于缩小这一差距取决于学习方法背后的经验条件，所以上面所提到的这种联系其实就是一种经验联系吗？事实上，教育者的主要任务之一，不就是去设计一些能够最大限度地缩小这种差距的程序吗？

这听起来似乎很有道理，但仍然存在一些挥之不去的疑问。这些问题可以概括如下：

（1）一个人可以通过参加诸如科学、工程、文学研究等活动，成为一个有教养的人——他不仅具有广泛而深入的理解能力，而且已经做好了审查自身信念和行为的准备。

（2）作为一个有教养的人，如果他能够发现这些活动与某些信念和行为问题之间的关联，那么他可能就会在日后偶然发现，为什么这些不是特别吸引人的活动仍然值得追求。这种训练将是他接受理性要求的表现。

（3）但是，作为一个有教养的人，他会为自己做一些事情。无论做什么，他在一定程度上都会被他的理解水平所改变，但是，他是否一定会为了自己的利益而去从事他在（1）、（2）语境中所追求的那种需要具备一定理解力的活动呢？是否会有人觉得，他应该接受教育，并发现所有这些活动都太过令人沮丧或无聊了，以至于他无法出于这些活动自身的原因而去追求它们呢？这样一个人，会比康德所谓仅仅出于尊重法律而具有美德的道德人更容易理解吗？苏格拉底有时可能认为，与他人一起追求真理是一种无聊的责任，尽管我们知道他并不总是这样认为。但是，他总是觉得这很无聊，这似乎不是不可思议的。难道这仅仅是因为他事实上在这方面花费了很多时间吗？

（牛津大学出版社，1973）

第六章 柏拉图的教育观是正确的吗？

为了表明标题和本文的主旨，我先讲述一个故事，希望这不会让太多的人感到震惊。有一个男人来到婚介所（marriage bureau），那里的干事正帮他撮合一桩婚事。经过一番讨论后，那位干事说："哦，我的档案里正好有你要找的女孩。她不仅有着与你相似的出身背景、相同的年龄和身高，她的兴趣爱好也与你非常相似。不过，她有一点可能会让你望而却步——她只是不巧怀孕了！"这正是我对柏拉图的感受。如果考察一下他的影响，就会发现他有点儿让人望而生畏。

对于这一主题，接下来我将分三个部分展开讨论。首先，我将以某种逻辑顺序阐述柏拉图的教育建议；因为柏拉图的教育建议最吸引人的地方之一，就是其逻辑结构。第二，我将陈述我对他的认同之处，这对任何哲学家来说似乎都是很重要的事情。第三，我要谈一点我对其整个巧妙构想的主要反对意见。

在阐述柏拉图时，当然存在着历史相对主义的问题。我所指的并不仅仅是诸如孩子们是否上学之类问题的细节，而是如何在我们的概念体系中整体解释他所理解的诸如"理性""秩序""正义"等重要概念。如果深入研究这些概念，就会发现问题。尽管如此，我还是会假设他的许多主要观点，或多或少都能够像他所理解的那样被我们理解。但我知道，这是一个值得怀疑的假设。我想说的是，柏拉图认为**教育主要关注理性的发展，这是正确的**。而且，总的来说，他有一个非常可接受的理性概念，但他的理性概念只有一个绝对不可接受的重要方面。接下来，我将证明，这个方面与他的理论体系存在重要冲突。

第一节　柏拉图教育建议的逻辑结构

让我们首先看看他的教育建议的结构。这些教育建议最吸引人的地方在于，它们从不独断专行。从逻辑上讲，它们源自对人性的价值判断和假设。由此来看，他的这些教育建议在结构上堪称典范，因为他有一套完善的知识理论、伦理理论和人性理论。没有这三个主要组成部分，任何教育理论都是不可行的。因为在我看来，教育关注的是人在理解力和知识等方面的心灵状态上的发展，而这些重要的心灵状态，必须通过与人性发展相联系的学习过程来实现。

一、价值判断

首先，我们来考察作为柏拉图整个理论体系基础的价值判断。它们包括两种类型：一个涉及个人，另一个涉及政治制度及个人在其中的作用。

关于个人的价值预设，他坚信，理性生活就是人类可能存在的最好生活形式。这可以从三个方面来理解：首先，他认为，理论生活（对他而言即有关哲学、数学与音乐和声的学习）是最好的生活类型。这证明了毕达哥拉斯（Pythagorean）[1]对柏拉图的影响。在柏拉图看来，只有通过这些学习，人才

---

[1] 毕达哥拉斯（Pythagoras，公元前 580—前 500 年），古希腊数学家、哲学家，他不仅是"勾股定理"（即毕达哥拉斯定理）、"黄金分割"、"完全数"等数学概念的提出者，同时也是"日心说"的最早提出者之一。——译者注

能理解世界的基本结构,进而使灵魂与形体合为一体。而随着心灵开始反映或表现现实,这种理论生活还将对灵魂产生净化作用。第二,理性还有一个较实际的方面,即苏格拉底的"灵魂关怀"(care of the soul)。后来,亚里士多德更明确地发展了这一点。它具体体现为人的自我认识和自我控制。第三,他对爱欲(Eros)或欲望(desire)的描述,从理论和实践两个方面支持了理性的价值。在柏拉图看来,将理性和激情对立起来是荒谬的。他区分了激情的层次:有一种伴随理性生活的激情,迥然不同于那种伴随着政治人物、战士等生活的激情。换言之,无论你是在追求形式,还是在发展自己的某种秩序,运用理性都是一件充满激情的事情。因此,这些都是关于个人最好生活形式的基本价值预设。

人们更为熟悉的是他对国家的价值预设,它标志着以苏格拉底等人为代表的专业精神(professionalism)的崛起。柏拉图和伊索克拉底(Isocrates)等人对伯里克利(Pericles)葬礼演讲中所谓"快乐多样性"(happy versatility)的厌恶,就是一种明证。柏拉图极其鄙视业余爱好者。他认为,任何艺术都有一个潜在的理论,任何专业人士都理解这个理论并知道如何应用它。这是一种来自专业背景的例证。再举一个纯粹历史偶然的事件:自伯里克利死后,知识与权力发生了分离,克莱恩(Cleon)之流的煽动家(demagogues)崛起。此外,随着伯罗奔尼撒战争(Peloponnesian War)的进展,出现了自私自利的个人主义(self-seeking individualism)热潮。这不仅体现在米利安远征(Melian expedition)之中,而且在柏拉图看来,亚西比德(Alcibiades)的职业生涯正是这一倾向的化身。最后,在欧里庇得斯(Euripides)的作品中,出现了年轻人的主观主义和怀疑主义。

在这样的背景下,柏拉图毫不妥协地指出,统治是一项专业事务,统治者应该是权威和智慧的结合体;智者应该统治国家,最好的国家就是由最优秀的人来统治的国家。这些人不仅会在他们的灵魂中表现出对理性和理解的热情，而且能够将这种热情落实到自己的行动上。

我无意审查柏拉图的这些价值判断，因为这些论点已经受到了波普尔(Popper)[1]和克罗斯曼(Crossman)等人的严厉批评。这些论点至少很有趣，至于它们是否有效，则是另一个问题。我所要做的就是澄清他的价值判断，并将其置于某种语境之中来重新加以审视。因此，我搁置了他为这些价值判断所作辩护的有效性问题。从这种有关最优秀人类的价值判断来看，教育的问题就是要培养出理性得到适当发展的人——他们关心理论生活，他们不会被主观主义左右，他们完全知道自己想要什么，并且他们能够借助性格的力量来实现这一目标。如果你们愿意接受的话，我认为，柏拉图的理想就是斯巴达和雅典所具有的两种优秀品质的结合。

二、人性假设

从这些价值判断来看，如果你打算建立一种教育制度，就要解决如何才能培养出这种最优秀的人的问题。因此，必须对人性做出某些假设。在柏拉图那里，这些假设被分为三种类型：

首先，假设存在一种教师必须使用的原材料。我认为，柏拉图是第一个系统的环保主义者，他认为人性几乎都具有无限的可塑性。对他来说，亚西比德(Alcibiades)乃是一个教训。这是一个生来就富有潜力的人，他有着很高的智力，但是，由于早年缺乏良好的养育，等到了青少年阶段，即使是苏格

---

[1] 卡尔·波普尔(Karl Popper, 1902—1994)，20世纪英国著名哲学家，批判理性主义的创始人。他认为经验观察必须以一定理论为指导，但理论本身又是可证伪的，因此应对理论本身采取批判的态度。在他看来，可证伪性是科学的不可缺少的特征，科学的增长是通过猜想和反驳发展的，理论不能被证实，只能被证伪，因而其理论又被称为证伪主义。著有《历史决定论的贫困》《开放社会及其敌人》《科学发现的逻辑》《猜想与反驳》等。——译者注

拉底也对他无能为力了，因为他在童年时代就已经形成了一种几乎不可逆转的生活模式。我认为柏拉图也是一个现在通常所谓的完美主义者（perfectibilist）。在他看来，如果能够让人回到他们的童年早期，那么，只要他们具有一定的潜力，只要给予他们正确的社会影响，就可以培养出像甘地（Gandhi）或斯塔福德·克里普斯爵士（Sir Stafford Cripps）这样的人，或者任何类似现代哲学王（philosopher-king）之类的人物。这是一个有关他们应当接受何种训练的问题。这个第一假设，也关系到教育者所使用的原材料。紧随其后的问题是，人类的潜能分布不均。詹森（Jensen）对此所做的有关讨论，引发了人们的热切关注。柏拉图对人与人之间在智力、社会意识、共同合作等方面的能力差异特别感兴趣。他认为，人们在这些方面的潜力存在明显差异。

第二类假设是关于发展阶段的。由于皮亚杰的工作，我们现在对这个问题已经非常熟悉，其中许多阶段也都合乎柏拉图的预期；因为如果你看看柏拉图对发展阶段的描述，你就会发现柏拉图的描述具有一种非常强烈的皮亚杰范儿。首先，皮亚杰对弗洛伊德所关注的层面不感兴趣。弗洛伊德认为，一个小婴儿不能区分真假，他既没有因果的概念，也不理解物质世界。换言之，他没有掌握使我们能够区分真实和想象的范畴。柏拉图就是这么说的，小孩子生活在一种他所谓"想象"（εἰκασία）的猜想或臆测阶段；他没有一个关于对象或因果关系的现实原则或概念。然后，等他进入柏拉图所谓"意见"（δόξα）亦即皮亚杰所谓"具体运算"（concrete operations）的阶段，他就会发现，世界是由坚硬的固体物体组成的，而且这些物体都具有可以通过各种感官感知的可触摸性。最后是形式运算（formal operations）阶段，事实上，柏拉图将其分为两个阶段。他在形式运算中区分了人对"知识"（ἐπιστήμη）和对特定形式的把握，并概括地介绍了二者之间的组合形式，以及特定形式与最高形式、善的形式之间的关联方式。众所周知,柏拉图的这些发展阶段,并不是通过现在这种让儿童坐下来接受质询的方式来实现的。如今,我们也知道,这些发展阶段还将形成儿童在逻辑方面的进步。问题在于,如何让这些阶段变得明确,并使人们确信那些真实的东西的确是真实的。在我看来,皮亚杰是(本该是却又显然不是)通过实验的方式解决这一问题的。而柏拉图则是通过讲述有关"线段"(Line)和"洞穴"(Cave)的故事来解决这一问题的,亦即通过一种非常生动和戏剧性的方式,表达了他关于认知发展的观点。

第三,柏拉图的人性假设,会对人的发展造成怎样的影响?我认为,他的人性假设至少提出了四个方面的建议:其一,不仅我们现在所讲的学生的认同或模仿行为(为此,柏拉图不仅关注荷马笔下的英雄和神话故事,而且坚持认为要为之建立一种审查制度)至关重要,教师的榜样作用也至关重要。其二,环境以及美丽的景点和物体,能够对个人造成间接性的影响。其三,他提醒人们注意游戏在学习中的重要性。他非常强烈地指出,(尤其是在数学学习情境中)强迫儿童学习他们在当前发展阶段还不想知道的内容,不仅会让学生感到智力受辱,而且也会让教师的教学变得无效。如果儿童能够在享受自己所做事情的过程中(尤其是在游戏的过程中)学到东西,那么他们可能就会更愿意投入学习。最后,在真正的理性阶段,不仅提问和回答非常重要,而且作为一种学习方法的辩证法也非常重要。

三、相应的教育建议

基于上述人性假设,柏拉图通过将有关个人类型的价值判断与有关人性假设结合,提出了自己的教育建议。在柏拉图看来,教师在教育活动中所做的一切,都旨在培养个体对原则的理解,对秩序和对称的热爱,或者帮助个体利用自己的理性将某种和谐强加给自己的欲望。用现代术语来讲,教育旨在实现"人格的整合"(integration of the personality)。在柏拉图看来,那种外在的秩序,会逐渐内化为个体自我的内在秩序。这一观念在福禄贝尔(Froebel)[1]的著作中被解释得更为神秘。

那么,如何实现这一教育目标呢?其指导原则是,教师所采取的那种旨在使儿童对世界秩序变得敏感、从而使儿童在自己的灵魂中再现这种秩序的教育方式,必须与儿童所处的发展阶段相适应。因此,柏拉图的所有教育建议,都旨在促使个人以在其发展阶段切实可行的方式,对物体形式与世界秩序变得敏感。因此,教育势必要从讲述有关众神和英雄的故事开始。这是因为,在儿童尚且无法区分真实的和"想象"(εἰκασία)的事物的早期阶段,至于教师所讲述的究竟是英雄和神话故事还是真实人物,根本无关紧要——重要的是为他们提供榜样。例如,必须要让这些榜样代表一种不可改变的"善"(goodness),而不能把众神表征为某种变化无常(changing)或是欺骗人民的形象——一如宙斯把自己变成公牛那样。这些都是非常可耻的做法,它会使儿童对理想人物产生一种错误印象。当然,正因为如此,他确实建议对儿童故事严加审查。

到了下一发展阶段,儿童学习的动力,来自于感官体验和具体操作,手工制作和材料加工。通过训练眼睛和触觉,个体开始意识到世界的美及其对称性。然后,随着情绪在青春期开始发展,教师要通过好的音乐(正如强烈的多里安音乐那样,它不仅有强烈的节奏感和秩序感,而且有一种真正好的节奏,而没有笛子上的柔弱颤音或类似的东西),将秩序注入儿童的灵魂。

---

1 弗里德里希·威廉·奥古斯特·福禄贝尔(Friedrich Wilhelm August Fröbel, 1782—1852),德国教育家,现代学前教育的鼻祖。他不仅创办了第一所称为"幼儿园"的学前教育机构,他的教育思想迄今仍在主导着学前教育理论的基本方向。主要作品有《人的教育》《幼儿园教育学》等。——译者注

进而是通过体操和兵役,完成对身体的训练和勇气的培养,并再次强调秩序。最后,是让儿童具体应用自己当下已经形成的理性。在理性发展的过程中,最重要的是,让人们理解世界的基本原理(用柏拉图的话来说就是"形式"[Forms]),让他们专注于众多事物中的一个,而不是被个人的主观表象和感性印象误导。要做到这一点,就要让他们努力学习数学和天文学,以便正确掌握"化繁为简"(the One in the Many)的原理,进而使这些方面的学习变成他们了解现实世界的钥匙。学生如此学习十年,应该就能消除认识上的主观性。这有助于他们在青春期开始理解自己的批评对象之前,避免发表太多不负责任的批评。然后,经过理解原则的冷静时段,他们也就为未来五年的辩证法学习作好了准备。最后,经过15年的历练,希望他们能够退居"长老会"(the Council of Elders)——幸运的话,他们就能对"善的形式"(the Form of the Good)拥有自己的看法。

柏拉图将整个教育过程描述为,一个"将灵魂的眼睛向外转向光明"的过程:首先从感官开始,然后是情感,最后更多的是心智能力。通过这些不同的方法,他希望个体不仅要对形式具有敏感性,而且要对统一各种形式的和谐(即善)具有敏感性。正如我在本节第一部分所说,这是一种将他所认为的雅典和斯巴达教育中最好的东西(雅典人的好奇心、理论把握力、敏感性,以及斯巴达人的勇气、纪律和秩序)结合起来的尝试。柏拉图认为,那种理想的人(the ideal man),就是由这两种教育中的最佳品质的结晶。

第二节　柏拉图的积极贡献

截至目前为止,上述内容都是有关柏拉图教育建议的阐述。问题是,柏拉图的哪些教育观点是正确的呢?

首先,我同意柏拉图的这一观点:价值具有客观性,而不只是个人偏好,而且,从定义上讲,教育必须关注宝贵的心灵状态的发展。在我所说的"教育"[1]的具体含义中,存在着一种矛盾,即令人感到非常遗憾的是,一个人在接受教育的过程中,可能会有一些糟糕的事情发生在他身上。

第二,他认为,教育涉及我们所珍视的有关理解力亦即理性发展的具体内容。这在柏拉图那里又包括以下两个方面:(1)理解理性发展的第一种方式,即不同学科抑或有关艺术和习惯(即数学、道德、审美等)的不同理解形式的发展。作为理性流动的渠道,这些理解形式不仅体现为诸如判断、想象等跨越不同理解形式的一般能力的发展,也体现为人们其他方面能力的发展。其中,柏拉图特别关注数学和道德这两个学科,而非常蔑视我们现在所说的物理科学。他认为,通过实地考察的方式来理解世界是荒谬的。因此,他未能对各种理解形式做出深入而细致的区分。(2)理解理性发展的第二种方式,关系到作为理性最低条件的人们今天所谓的精神健康(mental health),亦即柏拉图所谓"灵魂的和谐"(the harmony of the Soul)。换言之,由于我们拥有种种的欲望,因此,除非我们愿意承受内心的纠结,使心灵处于永久的冲突和沮丧状态,否则,我们就必须以某种方式对它们做出某种强制性的秩序安排。同样,鉴于我们都能对世界有所感知,因此,我们也势必会对世界抱持某种现实主义的态度。例如,一旦产生幻觉,就意味着存在理性发展上的缺陷。此外,我们还必须能够通过计划、控制、采取各种手段来达到目的。所有这些事情,显然都与理性的基本发展状况有关,因为理性构成了精神健康的基本要素。我认为,这可以通过发展柏拉图所谓"灵魂的

---

1 See R. S. Peters, 'Education and the Educated Man', in R. F. Dearden, P. H. Hirst and R. S. Peters, Education and the Development of Reason, London, Routledge & Kegan Paul, 1972.

和谐"来加以明确。它包括一个人能够对日常世界抱持一种没有明显错误的信念；能够为目的设定计划、采取手段，能够控制自己的欲望，能够为自己的偏好强加某种秩序，等等。在这方面，我的看法与柏拉图大致一致。

第三，我同意柏拉图有关将理性和激情区分开来的观点。在教育中，所谓理性的激情（the rational passions）非常重要。我的意思是说，如果教育工作者真的在意人们知识和理解能力的发展，那么，仅仅用信息填满他们的脑袋是不够的，必须发展人们对原则的掌握或对形式的理解，而且必须唤醒他们的兴趣——惟其如此，才能说他们是真的在意，因为只有这样他们才能充满激情地去了解事物的真相，进而也才能够解释怀特海所谓"事实背后的形式"（the Forms behind the Facts）。在怀特海看来，一切哲学都是柏拉图的注脚！

如今，这种积极探究事物真相的激情，在苏格拉底身上表现得极为突出，以至于他认为未经检验的生活是不值过的（the unexamined life is not worth living）。它不仅预设了人们对清晰理解的不懈追求（在其反面也会有一些消极的激情）、对无关紧要的憎恨、对武断的厌恶、对一无所知的恐惧；也预设了不一致是不可容忍的，不准确是一种缺陷。在我看来，某些智力上的美德和缺陷，绝对是教育的核心问题，而现在却很少有人坚持这一观点。也许，这是一种比较传统的古典教育观念，但它至少曾经于我们大有裨益。我不太清楚如今的教育都在做些什么，但是，我曾经在美国听过一堂古典文学课（a classics lesson），而且我坚信学生应该为之感到享受！我记得，当时他们读的是塞内卡（Seneca）的一篇关于海豚的文章。为了激发学生的兴趣，老师在介绍课程时提到了一个名叫海豚的美国棒球队。然后他们以接龙的方式七嘴八舌地读完了这篇拉丁语文章，实在让人觉得莫名其妙。他们中有一两个人试着翻译自己所读的段落，老师却一直懒得费心纠正其中所存在的明显错误。为此,我事后跟她说:"你为什么不告诉他们这么理解是错误的呢?"她说:"噢,你决不能那样做;他们必须快乐;他们必须为之感到享受;决不能让他们感到被拒绝。"尽管我从来都不认为这是一种很普遍的教育实践方式,但是,在世界上的某些地方,古典文学(classics)确实是以这种方式被教授的。事实上,这种教法并不看重纠错的价值。好吧,我认为,这种教育方式表明了教师对居于教育核心地位的理智美德的傲慢漠视。

其次,柏拉图所热爱的秩序,也是皮亚杰的中心议题。其中,智力发展的驱动力是平衡,即同化和顺应之间的平衡。这个生物学的隐喻所描述的是一致性;弗洛伊德也说过,人类对秩序的渴望乃是文明的基础。因此,对柏拉图来说,人们对秩序的热情,也构成了整个现代教育体系的基础。

最后,我认为柏拉图非常重要且富有成果的思想是个人发展与社会生活之间的联系。后来,这一思想又被米德(G. H. Mead)[1]作为社会学的最新成果重新发现。柏拉图说,思考是灵魂与自身的对话,当个体在思考时,他所做的就是将反对意见纳入自己的头脑,从而使其他观点也得以表达。我们所理解的"理性",不仅仅是我们在自己头脑中打开的一个小装置,而且它意味着我们要在自己心灵的私人屏幕上,再现我们曾经共同参与过的一场公开演出。它是一种社会生活形式的内化。我认为,这个富有想象力的思想非常重要,它贯穿了柏拉图有关个人发展与其所参与的社会生活形式之间联系的整个论述。例如,柏拉图认为,那种民主的人或许只能够在某种特定的国家政体中茁壮成长,而每个人的灵魂都是其所在社会组织类型的镜子。一个人所承受的社会控制类型,将会对其理性的发展产生重大影响。

---

1 乔治·赫伯特·米德(George Herbert Mead, 1863—1931),美国社会学家、社会心理学家及哲学家,符号互动论的奠基人,20世纪最重要的自我理论家之一。主要作品有《当代哲学》《意识、自我和社会》《19世纪的思想运动》《艺术哲学》等。——译者注

这里也有许多现代社会学的证据支撑。例如,理性的发展,似乎也会受到育儿方法的诸多影响。如果家长采取那种既不做解释、也不指出行为后果的武断方法,那它势必就会妨碍儿童理性的发展。

第三节 对柏拉图的批评

从上述这些有关柏拉图的积极贡献看,似乎可以断定,我基本上都同意柏拉图的观点。那么,我为什么还会为此感到犹豫不决呢?我在开篇提到的那个有关女孩怀孕的故事究竟又会造成什么负面影响呢?我们似乎没有必要对柏拉图的一些次要观点或派生观点感到大惊小怪。例如,在有关人类能力的分布上,柏拉图错误地认为,基本上大多数人都是傻瓜,只有极少数人能够理解政府事务。这一说法可以通过引用人类能力的正态分布曲线来反驳。同样,没有必要反驳他所主张的"高贵的谎言"(noble lies)和审查制度。无论如何,这都将引发非常复杂的问题;因为柏拉图在有关真理的阐述、神话的作用和心灵处于真理或错误状态等方面的问题都有着复杂的观点。

我对柏拉图的主要反对意见是,尽管我同意他所谓教育主要关注理性发展的观点,但是,他的理性概念终究是站不住脚的。他认为,理性的发展最终要达成的,是他在使他着迷的几何学中发现的那种确定性。在他看来,这似乎是人类思维最令人惊奇的特征,人类可以像毕达哥拉斯学派(the Pythagoreans)那样坐下来研究抽象的形式系统,因为这些系统能够为人类提供有关世界结构的基本理解。的确,几何学没有为人类通常会犯的偏见和错误预留空间。柏拉图认为,所有的理性都是这样的,不仅在数学上如此,在道德上也是如此。在道德方面,他认为这不仅为少数人理解"善的形式"(the Form of the Good)提供了可能,也为"哲人王"(philosopher-kings)的存在提供了类似的确定性。如果柏拉图是对的,如果道德最终取决于智者的远见,并且道德问题存在某种确定性,那么,人们就很难拒绝他所主张的教育观和政治制度。但是,我认为这种观点是错误的。我甚至认为,就连其有关数学的推理都是错误的,而其对一般理性的认识就更是错上加错。

因此,有必要从根本上重新认识理性的概念,同时以与价值的客观性一致的方式来思考理性,但是,这并不意味着我相信像柏拉图所犯的教条主义错误那样,在道德、政治和数学问题上存在着种种的最终权威(final authorities)。问题是,如何重建理性的概念才能满足这一要求呢?首先,可以说,与理性相关的价值是程序性的(procedural),而不是实质性的(substantive)。换言之,当一个人谈论理性的发展时,重要的不仅仅是要获得特定的结论,或者获得某种最终的理解状态。当然,我们需要得出结论;因为如果一个人不想知道什么是真的,那么询问任何事情又有什么意义呢?人们常说,我们不必担心向儿童提供的信息是否够用,因为我们必须教他们如何获得知识。但是,如果他们最终没有获得信息,那么教他们如何获得信息又有什么意义呢?必须采取有价值的方式去获得信息,否则,即使教会了孩子如何获取信息也毫无意义。同样,必须采取有价值的方式去理解事物——重要的不仅仅是理解的达成,而是要将它视为一种包含自己价值观在内的做事方式。如果人们重视理性的发展,那么就必须重视一致性、公正性,以及诸如准确性、清晰性等一些在概念上与追求真理相关的美德。在我们更广泛的理性概念中,还包括自由和尊重人等原则,这些原则可能是正确观点的来源。还需要某种谦卑,承认任何人(尤其是自己)都有可能犯错。重要的是,人们应该越来越清楚这一点,而不是拘泥于柏拉图理想中的绝对确定性状态无法自拔。

鉴于人们已经沿着这些思路对理性做出了不同的解释,我认为,人们可能还必须认识到,理性的运用所涉及的原则是多元的。例如,我上面所已经提到的对一致性、清晰性、公正性的热爱,对无关性和武断性的憎恶等一些智力上的美德,以及其他一些为理性运用提供社会背景的诸如尊重人和自由等美德。没有这些价值立场,人们就无法启动这种社会程序。这些原则是多元的,因为人们无法通过同一把"算尺"(slide-rule)或者同一种"愿景"(Vision of Good)来调和各种冲突。例如,在我看来,自由有时可能就会与公正相冲突。因此,尽管有些人指望让人类幸福或正义价值来发挥这种统一作用,但是我认为,那种认为所有这些不同原则都可以通过某一原则来统一的观点是非常值得怀疑的。

最后,柏拉图强调的最高价值是什么?例如,他认为理论追求具有最高价值。也许可以这样说,某种追求在概念上优于其他追求。例如,举一个经典案例来说,诗歌就比图钉更受人们的青睐。尽管某些活动可能具有优于其他活动的特征,但是,在这类活动中,正如科学追求不同于音乐追求、工业追求不同于农业追求一样,人们恐怕很难对这些偏好进行排序。换言之,在商品以及有关理性使用原则的排序方面,很可能再次出现一种多元主义。

那么,这些批评的结论是什么呢?首先,必须修改对理性发展的描述。必须更多地强调批判和谦卑,更多地强调错误的可能性,更多地强调理性的合作性质,而不能仅仅将其视为精英的特权。第二,必须培育一种具备理性内在特征的政治制度。在这里,我同意柏拉图的观点,即你不能指望理性在社会真空中发展。不仅一种社会生活方式会内化为个人的思想形式,反之,个人的思想形式也能外化为一种社会生活方式。但我想说,这种能够使理性获得其社会表达形式的政治制度是民主制,而不是贵族制。在这一经过修正的理性概念中,民主乃是理性以社会形式出场的最佳方式。因为民主至少在公共决策中涉及"议会"(parlement)或讨论(discussion)。而且,诸如自由、公正和尊重人等程序性原则,不仅构成了理性运作的社会背景,同时也是民主生活方式的内在原则。

(迪达斯卡洛斯,1975)

第二部分

教师教育

第七章　哲学在教师训练中的地位

培根曾说过,哲学家的话语就像星星;由于它们太高了,所以亮度有限。我打算至少在一个方面忠于我的使命——从高度一般性的考虑开始,并逐步向下发展到比较世俗的特殊性。在我回归现实的各个阶段,我将提出以下问题:

1. 为什么要引入教育理论?
2. 理论的选择和呈现应该遵循什么原则?
3. 作为教育理论分支的"教育哲学"是什么意思?
4. 在初始训练阶段应该教授哪些"教育哲学"内容?
5. 如何教授教育哲学?

第一节　为什么要引入理论?

我想,曾经有一段时间,有一种观点是站得住脚的,即教师完全可以通过学徒制(apprenticeship system)从有经验的人员(experienced practitioners)那里学习他们的教学技艺(art)。那时的教育,不仅有相对一致的目标、近乎标准化的教学程序,而且人们也很少去质疑隐藏在学校组织、班级管理和课程安排背后的基本原则;与此同时,不仅对儿童性格发挥训练作用的社区标准相对稳定,社会常识和公共舆论也很少关注有关儿童心理及其成长环境的话题。于是,那时的教师也逐渐形成了这样一种教学传统,即新一代的教师将他们从上一代老师那里学到的东西,以他们从上一代教师那里习得的方式再传递给他们的学生。例如,直到 19 世纪,古典文学(the classics)的教学方式都与古罗马时期惊人地相似,其教学方法也与家庭中的育儿方式如出一辙。

我无意低估那种巧妙指导下的学习对于工作的重要性。事实上,我想我们都会同意,它肯定是一切训练制度的核心。在现代条件下,作为一种成熟的训练形式,我几乎不需要对其局限性发表太多评论。问题是,如今几乎没有为古代学徒制提供任何一个可行的社会条件:教育不再具有公认的目的(agreed aims);教学程序一直存在争议,因为不同的教师在教授不同学科时,每个人对教学程序的构想都不尽相同;学校组织、班级管理和课程安排背后所隐含的基本原则也一直备受人们的质疑;在道德教育领域,在一个高度分化的社会中,存在各种不同的道德标准,要确立统一公认的道德教育目的也就成为更加复杂难解的任务。因此,关键问题不在于现代教师是否能够沉迷于对自己所做事情的哲学反思,而在于他在做教育工作的时候,究竟是敷衍了事,还是郑重其事。

同样,随着有关儿童心理、行为和有关学校组织的历史与社会条件的知识大大增加,我们对于这些领域的看法可能也发生了诸多分歧。但是,这些领域的工作已经发展到何种程度,又在何种程度上渗透到社会各阶层,对此,人们并无意见分歧。在那些聪明善辨的家长和建议他们如何对待孩子的各种"专家"面前,如果教师想要保持自己的立场,他就不能再依赖于经验、常识以及人们对这些问题的街谈巷议。这些实用的有关人的科学知识对教师来说,就像解剖学和生理学知识对医生来说一样重要。随着教育日益成为公众关注和公共监督的对象,除非教师精通这些辅助其开展教育工作的相关科学,否则,他们将很难在其社区中为自身建立某种职业的威望。同样,问题不在于教师是否对心理学、社会学或历史问题怀有自己的看法(因为任何有教养的人都拥有这些),而在于他们是否能够以一种明智的方式捍卫自己的观点,以便在混乱的公众讨论中保持自己的立场。一个显而易见的事实是,教师必须学会自主地思考自己要做什么,而不能再依赖于某种既定的传统。因此,必须从教师训练的起始阶段开始,就让他们具备严谨哲学思考的基本技能,以及部分与他从事复杂的教育工作密切关联的心理学和社会科学知识。这是因为,尽管我们假定那些来到我们这里的教师一般都是有教养的,但是,绝大多数人都只是对那些辅助教学工作的学科略知一二,很少有人深入了解。

此外,可以充分肯定的一点是,尽管初始训练的主要重点必须放在对教师的训练上,但是,我们也不能完全忽视那些把他们当人来教育的教育者所肩负的责任。在现代条件下,哲学、心理学、历史学和社会科学,在所谓的自由教育中发挥着至关重要的作用。我清楚地记得,作为哈佛大学教育研究生院的客座教授,我第一次去见院长凯佩尔(Francis Keppel)时的情景。他明确地告诉我,尽管他希望我将哲学与教育联系起来,但是,他最关心的是,我应该在师范类文科硕士(Master of Arts in Teaching,MAT)的培养计划中教授学生一些哲学,作为把他们当人培养的普通教育的一部分。据称,该计划已经为提高美国高中教师的质量做出了很大贡献。借用这个为期一年的计划的理由陈述,即:

"师资的质量,取决于以下三个主要因素:源于自由传统的普通教育,对学校教授的一个或多个学科的透彻掌握,以及教育职业(包括实习期或学徒期)所需要的心智和实践训练。"

学科对教育的双重作用，自然而然地引出了我的第二个问题："在这个层次上，理论的选择和表述应该遵循什么原则？"我现在就将讨论这个问题。

第二节　理论的选择与呈现所应遵循的原则

理论的双重作用，经常体现在接受过哲学或历史等基础学科训练的人身上，即他们必须要为职业所强调的某一主要课程作出贡献。一方面，或许出于他人的压力，或许出于他自己的意向或责任感，他会在有关教师的实际话题讨论中加入自己学科的内容。另一方面，他希望引导他人进入一种由学科标准本身所决定的思维方式，而不是一种完全由特定职业兴趣和需求所决定的思想倾向。他不仅会忠于自己学科的传统及其固有的严格标准，也会忠于雇佣他的机构。这一点很好地说明了，他是如何通过简化和抑制自己对学科内在价值的热情，来支持他对那些缺乏理论趣味的紧要实践问题的关注。举个例子：哲学家经常被要求讲授婚姻伦理。正如我们大多数人所知，现在婚姻带来了很多现实的伦理问题。但是，那些可能由婚姻引发的根本伦理问题，既不取决于特定的制度规定，也不取决于导致道德冲突的具体原则性分歧。通过发挥较为抽象的直觉主义、康德主义或功利主义伦理理论的优点，这些问题可以获得更好的讨论。同样，在教育中也普遍存在这样一种现实：人们对流行音乐的偏爱甚于古典音乐，人们对游戏的热衷也胜过科学、艺术或文学。虽然这些问题所引发的基本哲学问题，在密尔（Mill）[1]

1　约翰·斯图亚特·密尔（John Stuart Mill，1806—1873，又译约翰·斯图亚特·穆勒），19世纪英国著名哲学家、心理学家、经济学家、古典自由主义思想家，支持边沁的功利主义。代表作品有《政治经济学原理》《论自由》《功利主义》等。——译者注

的《功利主义》和摩尔的《伦理学原理》中都已经得到了讨论,但他们也只能在高度抽象的层次上来解决问题。问题是,在诸如初始训练的职业情境中,教师又应该做些什么呢?

我认为,答案来自于对"自由教育"观念的引申。这通常意味着,教师不仅要有拒绝将学科与任何实用或功利的目的捆绑在一起的决心,而且要有为了学科自身利益而探索它们的决心,以及追求学科内在所指示的道路的决心。但是,为使人们能够描述那种能够自由构思和实施的职业训练与那种不能进行自由构思和实施的职业训练的区别,我认为还可以对"自由教育"的观念作进一步的引申。这意味着,必须要确定那些与实用目的相关的学科(如教育领域中的心理学和社会学等科学)在实用方面的教学程度,而不能任由其始终牵制学生思考学科基本问题的可能——因为在受实用目的牵制的情况下,学生既没有时间也没有设备去以严谨的方式探索这些学科的基本问题。就教育学(education)和政治学(politics)而言,这两个学科之所以必须以这种自由的方式呈现,还有更深层的原因:因为教育和政治都既不是有用的艺术,也不是技术的分支——从某种直接意义上说,一些人可能会认为医学和工程学倒像是实用的学科。这是因为,尽管教育学和政治学在性质上是实用的,但是,它们的理论并不足以视为与任何已经达成的或无争议的目标有关。顺便说一句,这是它们这两个学科在哲学上都很有趣的原因之一,而工程学则不然。

然而,我的以上两个原则还预设了第三个原则,即"教育"不是一个独立的学科(a distinct discipline),而是一群学科的应用领域。与政治学十分相似,作为一个合法的且成果丰硕的研究领域,"教育"让人备受折磨的一点是:人们既无法区分它们所提问题的种类,也不具备回答这些问题的相关学科知识。那些能够在颁奖典礼(speech-days)和学术会议(conferences)上引发反响的演讲,往往会被误认为是在教育理论上作出了贡献。从逻辑上讲,教育政策和实践的所有问题都是复合问题,是不同形式的价值判断与实证研究的交叉。因此,回答这些复合问题的首要一步是,必须将问题分解为逻辑上的不同部分。例如,如果我们想知道是否应该惩罚儿童,那么,我们就必须将道德原则上的问题与那些有关因果关系的心理和社会问题区分开来。但是,一旦将各个有关教育的学科分开训练,人们就需要让它们围绕教师和实践管理者所共同关心的问题展开有序且合乎逻辑的对话。简言之,在区分不同类型的问题之前,我们必须首先终结有关教育理论文章中经常发生的概念混淆;但是,我们必须确保教育的研究和训练能够在不同学科的支持下进行,并使它们围绕共同关心的问题进行整合性对话(integrated conversation)。事实上,我在这里以一种具体的方式提出了一个逻辑观点:即"整合"(integration)与"区分"(differentiation)是不可分割的。

因此,教育理论的选择和呈现,似乎应该遵循以下三个主要原则:

(1) 尽管教育理论存在着不同学科的表述方式,但是,对于教育政策和教育实践方面的问题,这些不同学科之间必须相互配合,并且必须将它们视为一种相互配合的关系。

(2) 大体来讲,那些从基础学科筛选出来的内容,必须与教育实践问题和受训教师的兴趣密切关联。

(3) 这些学科对于教育的不同思维模式,即使适用于教育实践问题,也必须以这样一种方式进行呈现,即它们必须密切关注(且被视为密切关注)本学科的根本问题,并且它们所采取的探究形式也是解决本学科根本问题的必要手段。

因此,遵循这些基本原则的"教育"课程,似乎就是一种同时应对从不同学科视角筛选出来的核心问题或共同主题的课程。例如,"平等"或"权威与社会控制"问题,就是哲学家、心理学家和社会学家所要共同应对的问题。这种课程所分析和讨论的话题,不仅应该与学校教师的实践问题密切相关,而且应该以这样一种方式展开:要引导学生逐渐了解,如何在各种教育情境中分析和讨论这些基础学科自身的基本问题。

我现在要谈谈教育哲学教学的具体问题。我所说的大部分内容,也只不过是对我刚刚试图阐述的一般原则的应用。

第三节 作为教育理论分支的"教育哲学"是什么意思?

和"哲学"一样,"教育哲学"(philosophy of education)也会对不同的人提出迥然不同的建议。对于一般公众而言,教育哲学或许意味着基于对生活意义的深入探究或思考,为一般生活(尤其是教育生活)提供高级指令(high-level directives)。另一方面,对于职业哲学家而言,教育哲学意味着对概念的严格区分,以及对知识和行为根据的耐心解释。如今,哲学家们与苏格拉底和康德结盟,提出并试图回答以下问题:"你什么意思?""你怎么知道?""我们必须预设什么前提条件?"本世纪哲学发生了一场革命,其主要特征之一就是人们增强了有关哲学是什么和哲学不是什么的意识。

有一段时间,哲学家们非常关注他们的革命,非常专注于逻辑学、知识论、形而上学和伦理学的核心问题,以至于他们对其他领域正在发生的事情相对视而不见。现在的哲学氛围则大不相同:许多在"革命"中成长起来的哲学家,现在正以更敏锐、更精致的工具,转向对法律、政治、艺术、心理学、心理分析、社会科学和教育等领域的问题的探讨。因此,当遇到通常被称为"教育哲学"的内容时,他们会感到非常震惊,因为它总是对诸如"成长""完整""成熟""纪律""经验""创造性""需要""兴趣"和"自由"等一些十分含糊的概念喋喋不休。令他们更为震惊的是,学生经常被柏拉图、卢梭和福禄贝尔(也许还夹杂着一点杜威)的陈词滥调培养得头脑混乱。这就好比说,一门教育心理学的课程,主要是由亚里士多德、洛克、詹姆斯·密尔(James Mill)[1]、赫尔巴特(Herbart)[2]和桑代克(Thorndike)[3]的知识片段组成的。

当然,教育学院和大学教育系的讲师不必对此担负太大责任,因为事实上,迄今为止,这个国家的哲学家们,几乎没有做过任何有助于问题改观的事情。但是,我们希望他们能马上改正。例如,今年,曼彻斯特大学将推出一系列关于《教育目的》(*Aims in Education*)的讲座,主要就是由英国哲学家主讲的。劳特里奇和凯根·保罗(Routledge & Kegan Paul)出版社还出版了一本题为《哲学分析与教育》(*Philosophical Analysis and Education*)(1965)的文集。我本人也正在拼命撰写题为《伦理学与教育》(*Ethics and Education*)的入门书,我伦敦教育学院的同事赫斯特(Hirst)先生也在努力撰写一本题为《课程的哲学基础》(*The Philosophical Foundations of the Curriculum*)的书。问题是,随着每学期行政和教学压力的增加,我们需要另挤时间才能把我们头脑中的东西写在纸上。

那么,在教育哲学方面应该做些什么呢?它大致可以描述为(1)心灵哲学,(2)伦理和社会哲学,(3)知识论在教育问题上的应用。让我来更详细地

---

1 詹姆斯·密尔(James Mill,1773—1836,又译"詹姆斯·穆勒"),英国功利主义和自由主义学派的历史学家、经济学家、政治理论家、哲学家,与大卫·李嘉图齐名的古典经济学创始人。他与儿子约翰·斯图亚特·密尔(John Stuart Mill)通常被学界并称为"密尔父子"(俗称"老密尔"与"小密尔")。代表作品《论出版自由》。——译者注

2 约翰·弗里德里希·赫尔巴特(Johann Friedrich Herbart,1776—1841),19世纪德国哲学家、心理学家。在西方教育史上,他被誉为"科学教育学的奠基人",在世界教育史上被称为"教育科学之父""现代教育学之父"。主要作品有《普通教育学》《教育学讲授纲要》《一般实践哲学》《心理学研究》《心理学应用于教育科学》等。——译者注

3 爱德华·李·桑代克(Edward Lee Thorndike,1874—1949),美国心理学家,动物心理学的开创者,心理学联结主义的建立者和教育心理学体系的创始人。他提出了一系列学习的定律,包括练习律和效果律等。1912年当选为美国心理学会主席,1917年当选为美国国家科学院院士。代表作品有《教育心理学》《动物智慧》等。——译者注

解释一下:

(1)心灵哲学,通常被称为哲学心理学(philosophical psychology)。在诸如"训练""灌输""教学""调节"以及"教育"等本身属于"教育"范畴的概念方面,需要做大量的概念界定工作。还有一些诸如"经验""兴趣""需要""成熟""成长""心理健康"等概念,在讨论教育目的和教学程序时也经常被提及。教育心理学家在对人性进行理论研究时所使用的概念图式,也存在着一些更为普遍的问题。

(2)伦理和社会哲学。在这一领域,出现了至关重要的论证和分析问题。有关教育目的和教育内容的价值预设,都需要加以论证。此外,还存在有关传递信息的程序是否可取的假设,也需要加以论证。有关教育内容的问题,涉及到一个有关诗歌可取而图钉不可取的古老议题;有关教学程序的问题,则涉及到一些与自由、平等、权威和惩罚有关的议题。这些术语是什么意思?如何证明其基本原则的合理性?他们又是如何被应用到学校情境中的呢?

(3)知识论。课程中有各种各样的哲学问题。就教育所涉及的科学、历史、道德和数学等不同思维形式的传播而言,有关这些思维形式的哲学显然至关重要。它们的概念图式有什么独特之处?他们采用了怎样的推理形式?然后是与学习心理学相关的思维形式的逻辑问题,有关学校"学科"与思维形式的关系问题,课程的"整合"问题,有关"自由教育"的问题,以及课程对道德教育和情感教育的促进作用等方面的问题。

第四节 在初始训练阶段应该教授哪些教育哲学内容?

以教育哲学的方式阐明工作计划是一回事,而具体确定哪些部分适合在初始训练阶段学习则是另一回事。因为我们必须注意以下几个决定理论的选择与呈现的一般原则：

1. 与其他学科"啮合"(meshing-in)的可能性；
2. 与受训教师的实践问题和兴趣的相关性；
3. 继续引发哲学自身基本问题的可取性。

让我们从第二个原则开始。鉴于教师所教授的受训儿童的年龄范围，其中必然会存在某些学段上的差别。例如，中学教师要比小学教师更加关注学科和那些与中小学学科性质有关的问题，而小学教师则更加强调儿童的需要和兴趣以及收集与"儿童中心"的教育有关的哲学问题。我发现，在接受初始训练的过程中，以下几个话题会受到所有班级教师的热烈响应：

(1) 什么是"教育"？其目的应该是什么？作为一名教师，应该做什么才合乎其教师的身份？教育与训练有何不同？可以为诸如科学和诗歌之类的文明活动提供怎样的辩护？

(2) 与教师权威有关的问题。

(3) 有关惩罚和纪律的伦理学。

(4) "儿童中心"的教育的概念，以及诸如从经验中学习、使课程适应儿童的需要和兴趣等观念。

(5) 儿童和教师的自由。

(6) 教育平等。

(7) 道德教育。

关于第一个原则,上述所有这些都是与心理学和社会学"啮合"的绝佳主题。例如,在处理平等问题时,有关社会阶层和社会流动性的社会学事实,以及对智力和能力、流动性和语言能力的决定因素的心理学调查,都可以为"平等"原则提供很好的分析与论证。

在此,我想特别呼吁人们关注哲学在这一"啮合"(meshing)操作中的重要性。学生的思考习惯往往会被那些具有浓厚心理学倾向的教师培养得过于片面,以至于他们可能会为使用常识感到内疚。我们的主任埃尔文(H. L. Elvin)曾在一所教师训练学院向一些三年级学生发起一场讨论。他向他们提出以下问题:"假如你正在上一门课,当一个叛逆男孩的破坏性影响开始让课堂变得失控,你的脑海会出现何种想法?你所想的是'我如何在这堂课上恢复纪律'还是'我想知道那个男孩拥有什么样的家庭背景'?"学生回答说:"第一种想法,但我们会为此感到内疚:因为我们在大学里学到的都是第二种想法!"其实,人们不必深究"权威"和"惩罚"的复杂性就能意识到,这些教师是在片面的教育中长大的!他们所做的事情缺乏充分的理由。同样,经常有些小学教师接受了相当精心的培养,他们听心理学讲座,系统地学习有关如何开展教学活动的方法,但后来却发现自己根本无法应用这些思想和方法,从而陷入困境,感到理想幻灭。他们不知所措,对训练自己的人产生了根深蒂固的鄙视。事实上,他们所缺乏的是应用这种方法的基本原理——只有掌握了原理,才能将这种方法理智地运用于各种不同的环境。他们缺乏亚里士多德所说的对事物"之所以"(the reason why)的理解。也许,他们也是在一种普遍存在却又相当不切实际的教育模式下长大的——这种教育模式所设想的教育情境是,一个教师一对一地教学生!

从第三个标准的角度来看,有些话题远远优于其他话题。例如,有关惩罚伦理或"平等"问题的探讨,就为进一步探讨有关道德哲学的基本问题提供了极好的路径;对"教育"这一词汇本身的分析,不仅为概念分析提供了一个极好的开场,也很容易导向有关教育内容的价值辩护。而其他主题,或许能够更好地满足其他两个原则的要求。在教育哲学的教学层面,一直存在着阐明术语概念与澄清具体问题之间的张力。惟其如此,教师才能以更加清醒的方式开展工作,并让他们更加深入地学习这门学科,从而使他们开始形成一种独特的思维方式。当然,这也意味着他们要对自己的基本信念和理想进行一番较为严格的彻底检修。这一层次的教学哲学(teaching philosophy)的有效性,既可以体现为教师在教学实践后期表现出来的自主性和批判性实验态度,也可以体现为他们在成为教师之后所表现出来的以更严谨方式回归教育哲学的愿望。

这种在教师初始训练阶段制定出有关教育哲学教学内容的尝试,与我前面制定一般理论教学的基本原则完全一致。然而,如果说伦敦教育学院在任何方面都代表了整个国家的情况,那么,我对教育哲学教学内容的看法,似乎又与当前我们大学实践中的做法并不一致。在把我对这个问题的想法写进论文之前,我曾做过一个小范围的调查,以便了解我们三十多所大学在这方面实际都是怎么做的。我发现,几乎每所大学都是从教育思想史(the history of educational ideas)的角度来探讨这个问题的。与此同时,它们通常还会补充一些在各种教育研讨会上常见的哲学问题——它们近乎千篇一律都是有关学生的困惑与兴趣的问题。当然,这种处理问题的方式,也反映了大学教师的资质。此外,我在调查中还发现,只有极少数大学拥有真正的哲学专家,而超过一半的大学都设置了包括思想史在内的哲学专业。

然而,这种历史的方法是否就是最佳的方法呢?既要公正地对待柏拉图、洛克、卢梭和福禄贝尔,又要使他们所说的与现代教师的问题真正相关,谈何容易?想要将这种方法与心理学家和社会学家的方法"啮合"到一个共同的核心问题上,又谈何容易呢?换言之,这种方法是否真的能够满足我前面所提的那两个选择与呈现的原则性要求呢?毫无疑问,它可以满足第三个原则的要求。如果有人仅仅关注哲学教学,那么,历史方法就有很多值得称道之处,尽管许多哲学家可能并不同意这一看法。当然,作为背景性课程和教育史课程的一部分,这些课程也有很多值得称道的地方。毕竟,我们确实希望教师在接受训练(be trained)的同时也能够变得有教养(be educated)。但问题是,在教师初始训练阶段,是否应将重点放在这种方法的训练上呢?在伦敦教育学院的研究生学位课程中,为了满足整合性和实用性方面的要求,我们不得不牺牲这一历史性的成果。现在,每个想要获得学术文凭的学生的必修课是,他们必须做一篇有关某个"一般理论"(General Theory)的论文,即有关下列人物教育思想的研究:柏拉图、卢梭、杜威、弗洛伊德、皮亚杰、斯金纳(Skinner)[1]、涂尔干和曼海姆(Mannheim)[2]。问题是,在初始训练阶段,这些历史材料是否很容易在学生那里变成怀特海所说的"惰性观念"(inert ideas)呢?

当然,这种历史方法所具有的一个优点是,有现成的书籍可以作为课程的基础材料。但是,这些现成的书籍只不过是一种暂时的和偶然的东西,而不能任由它们来支配一门学科的教学方式。请不要误解我!我并不是说,如果学生不能学有所得,就应该劝他们不要阅读《理想国》、《爱弥儿》或《民主与教育》!我建议这门课程,应该以哲学思考(philosophical thinking)所

---

[1] 伯尔赫斯·弗雷德里克·斯金纳(Burrhus Frederic Skinner, 1904—1990),美国心理学家,新行为主义学习理论的创始人,也是以"操作性条件反射"著称的新行为主义的主要代表。主要作品有《超越自由与尊严》、《言语行为》等。——译者注

[2] 卡尔·曼海姆(Karl Mannheim, 1893—1947),德国社会学家,经典社会学和知识社会学的创始人。1933年因受纳粹迫害逃往英国任伦敦经济学院讲师,1942年后任伦敦大学教育学院教授。主要作品有《意识形态与乌托邦》《变革时代的人与社会》《自由、权力与民主设计》《时代诊断》《知识社会学论集》《社会学系统论》等。——译者注

能澄清的实际问题为核心。正像对待任何其他书籍一样,只要这些书籍与哲学思考所要澄清的实际问题相关,就应该查阅它们。但是,不应当任由它们来支配课程形式。我们通常都认为,学校课程应当与儿童的需要、兴趣和认知发展水平密切相关。这一原则不也同样适用于教师训练课程吗?

第五节 应该如何教授教育哲学?

关于教育哲学的具体应用,并不存在什么一般性的说法。因为这在很大程度上取决于各大学院系所具有的师资条件。事实上,大部分教学工作注定要在那些没有受过哲学专业训练的导师所主持的小型研讨会上完成。尽管任何有关教育现实问题的概念分析,都必须从某一个生活事实开始,但是,在每个大学院系中,至少应该有一名教员是教育哲学方面的专家(specialist in philosophy of education)——我所指的是受过哲学训练的人,而不是思想史方面的专家。他或她可以与那些主持导师组会的同事及其他需要进行课程整合的专家,一起协商着设计一门课程。换言之,这项活动必须以一种"团队教学"(team teaching)的方式进行。

我坚信,只要学生组织的是一种基于这些课程的教学研讨会,那么,他们的导师(如果可能的话)就会愿意参与其中。经常有人认为,那些老练的导师,无须借助这种研讨课程,就能够在那些如出一辙的讨论会上处理有关教育哲学、教育心理学和教育社会学方面的问题。只要那些极有天赋的导师能够同时拥有大量时间和一小群学生,他们就能做到这样。但是,总的来说,我不相信这一点。因为如果不给学生提供概念工具,如果不让精通这种思维形式的人为他们阐明论证形式(以便他们可以逐渐学会),学生就无法开始以严谨的概念区分方式进行思考。毕竟,人们无法从自然启示中习得精致的思维；他们必须由业务熟练的人来教。一门好的讲座课程，能够为主题讨论提供不可或缺的结构——它不仅能够为人们指明所要回答的问题，也能够为人们描绘与回答这些问题相关的论点。由于大多数教育学导师本身只可能精通一种与教育相关的思维方式，因此，某种形式的团队教学（team-teaching）肯定是唯一可行的方式，因为那些没有课后研讨或课前辅导的讲座课程，其价值十分有限。

顺便说一句，可能你对我所说的"专家"（无论他们是哲学家还是心理学家）还是有点儿不放心，因为对教育实践而言，即使他们拥有一定的教学实践经验，他们也必须通过第一手经验来了解现场的情况。一想到从大学各个院系引进纯粹的哲学家或心理学家来开设这样一门课程（假如他们从未尝试过亲自为儿童授课的话），我就会觉得不寒而栗。众所周知，很难找到那种既有教学经验，又受过哲学、心理学和社会学等一个或多个基础学科训练的教师。在伦敦，我们已经开始着手采用一种新的硕士研究生考核来培养此类专家，它可能很快就会成为为期一年的全日制研究生课程，而非拿到学士学位后再读两年的全日制研究生课程。

关于研讨会（seminars），我想最后说一句：我坚信，只要这种研讨会能够保持一种小型的规模，并且参会者都是有备而来，那么，它就一定会取得成功。当然，我并不否认那种大规模的集体讨论所具有的优点——人们聚在一起，学习如何分享他们在团队学习中的经验本身就是有价值的。事实上，在教学实践期间，我曾经参与过学系（the Subject Departments）组织的一些研讨会——它们与那种富有成效的"匿名戒酒会"（Alcoholics Anonymous）非常相似。但是，教育与治疗迥然不同，因为它要引导他人逐渐进入一种严格而又不同的思维和意识模式，而这不仅需要有人参与，而且需要参与者有备而来。只要能够提供一个思考和阅读的焦点，那么，书面作业就是最好的准备形式之一。因为在清楚陈述自己的想法并为之辩护之前,人们通常并不知道自己对某个问题的看法。人们不仅可以以这种方式表达自己的观点,而且可以以这种方式展开自主行动。

如果你认为我的建议有些虚幻或不切实际,那么,我就简要介绍一下我们最近在伦敦中央教育专科学院(the Central College for education)[1]制定的研究生学位初始训练课程体系。

算上"音乐"和"艺术"专业的学生,我们每年培训大约450名学生。每个学生基本上都隶属一个学系(如历史、艺术、英语)的一个导师组,他或她的所有学科作业和教学实践都与该导师组一起进行。每个导师组有导师1名,学生规模大约12人。在这种导师组中,他们探讨有关自己学科的哲学问题和教学方法问题。每个学生也隶属一个"教育学团队"(Education Group),我们希望它由从各个学系招募的大约15名学生组成。每个这样的"教育学团队"都包括教育哲学、教育心理学和教育社会学领域的三名专家或准专家导师,其中许多人也是学科导师。这些团队的工作内容包括围绕三个基础学科的讲座课程开展的研讨会、个别辅导和书面作业。这些讲座从不同学科的角度同时解决了教育的共同核心问题。导师们会在课程开始和结束时段与讲者会面,讨论事情的进展,制定一般的政策规划。课程结束时,还将举办当前有关(诸如学生分流、独立学院的未来、学校课程等)教育问题的讲座,随后还将举行教育学团队会议,希望所有团队内的三个领域的专家都能出席。这样做是为了能够在课程结束的时候,借助他们各自在前面所授课程中运用的各种不同思维形式,对一些富有争议性的问题展开研讨。在春季和夏季,每个学生还必须选修一门由"教育学系"(the Education

---

[1] "中央教育专科学院"(the Central College for education),并非一个学术机构,而是一个为那些没有 A-level 成绩的高中生提供学历学位申请定制培训的政府公共服务机构。——译者注

Departments)的专家主持的讲座课程,诸如教育哲学、教育心理学、教育史、教育社会学或比较教育等。

我很清楚,伦敦中央研究院(the London Central Institute)[1]所拥有的办学条件,在整个国家都非比寻常,也许是无与伦比的。但是,我不明白,为什么在这里就连这门课程的基本原则也不能得到更广泛的应用。可能这是由于办学条件方面的原因吧。如果有人问这种"教育学课程"(the Education Course)的制度运行是否成功,我的回答是,我们的方案仍旧完全处于实验阶段。当然,我也很想知道究竟应当如何评估那种短期和长期意义上的"成功"。何况,这个问题本身就是一个非常适合对教育进行区分性和整合性思考的话题!

(彼得斯,1964)

---

[1] "伦敦中央研究院"(the London Central Institute,又称 the Central Institute London),建于1989年。它的作用是鼓励使用学位服,并鼓励学术礼仪的执行;为此,它会为自己的成员发放学院服装。它的成员不仅按照学术学位或专业能力严加遴选,而且还设有包括荣誉终身成员(Honorary Life Member,HonCIL)和伙伴成员(Companion,ComCIL)等荣誉奖项;其中,伙伴成员是最高奖项;每年最多新增一名。在学院成立的16年里,只有三位当选的伙伴成员:科林·帕森斯教授(Professor Colin Parsons)、伊恩·特雷西教授(Professor Ian Tracey)和莫里斯·梅雷尔博士(Dr. Maurice Merrell)。2005年,由于成员人数下降,该组织宣布永久停止活动。——译者注

第八章 "教育"(学科)作为教学的具体准备

第一节 内容的优先级

97　　说起教学上的具体准备,最重要的就是要为教师的教学内容打下坚实的基础。教师除了必须了解儿童以外,还要了解一些与儿童有关的其他内容,例如影响他们生活的社会条件等。但是,社工(social workers)、心理治疗师(therapists)和青少年就业管理人员,也必须了解这些情况。对一个教师而言,它所关心的,不仅包括心理治疗、"社会化"、生涯规划等方面的工作,而且还包括教学方面的工作,因而他必须掌握一些可以传授他人的东西。如果没有这一点,他可能就会变成一个对观众反应极其敏感的演员,一个善于动作和微妙声线变化的表演大师,但是,美中不足的是——他忽略了要熟记自己的台词。

　　为了防止大家将我看作一个反动的形式主义者(a reactionary formalist),即一个渴望把儿童束缚在形式上的人,请允许我马上澄清一个可能存在的明显误解。据我所知,"教学"包括一系列活动,这些活动中所包含的诸多要素,共同构成了一个儿童可以学习的情境。为了引导儿童自己发现事物,它既可能使用一些正式的讲授方法(formal methods of instruction),也可能使用一些非正式的讲授方法。关于教学方法(methods of teaching),我只有一个重要论断,即选用什么教学方法不可一概而论,因为一切都取决于教什么、教谁、由谁来教,以及要教多少学生。最近,我去了一所小学,那里设立了"自由日"(the free day)。在被告知每个儿童自选活动的教育价值后,我随即被带去观看了一堂精彩的班级合唱课(class-singing lesson)——这是一段令人钦佩的正式讲授(formal instruction),任教者既是一名训练有素的教师,也是一位专业的歌手。令我吃惊的是,女校长竟对它发出了会心的轻笑。当然,看到如此精彩绝伦的教学(teaching),谁能不这样做呢?但是,毕竟音乐与阅读不同,而且,人们的教育实践,往往会与他们所宣称的原则大相径庭。

我本人的教育生涯始于一所最不正式的教育机构——一个青年中心,并且在那里工作了三年。当我成为一名中学教师时,我发现,与我之前一直在做的事情相比,这简直太容易了。从那以后,我一直坚信,非正式方法对教师的要求,在任何层面上都要比正式方法对教师的要求更高。因为它不仅需要教师掌握教学组织的效率和教学空间之外发生的事情,而且需要教师在任何时候(而不仅仅是在设法查阅过所有信息之后)都可以把握对知识的理解。我听说最近有一些师范生被派去观察一位经验丰富的教师,他使用非正式的方法来激发儿童提问——事实上,只要教师能够做到这一点,无论在任何情况下,无论他使用的是正式方法还是非正式方法,这都将是一种令人钦佩的教学方式。这些师范生是顽强的真理探索者,因为他们把这位教师在教室里的一举一动全都记录了下来。他们发现,在给定的时间内,对于要求学生填空完成的30个问题,这位教师只能充分地完成其中的5个!的确,她经常告诉那些未能全部完成的儿童要去哪里寻找答案。但是,大多数孩子都没有做完,而且老师通常也顾不上检查他们究竟是否做完。这不仅是儿童的学习欲无意间遭受阻碍的原因,也是教师需要控制和处理其他儿童不断提出非教育性要求(在我看来,通过雇用辅助人员来处理这些只能由大学生提出的要求,将能给予这种教学方法以极大的帮助)的一部分原因;另一部分原因是,这种非结构化的情境对教师知识提出了无法预知的要求。我们都知道,做一个好的讲座要比参加一个真正好的研讨会容易得多,因为参加研讨会的大多数人都做过某种先行探索。因此,在后一种情况下,导游必须要比游客更加了解景区。我在教学中最清醒的一次经历是我首次讲授黑格尔——我承认,他是一位我从未正确理解过的哲学家。尽管我几乎不知道他在说什么,但是,最后竟有两个学生祝贺我为他们作了一场精彩的演讲!

至此,我们又回到了我在本章开头所提出的观点,即无论使用什么方法,都必须为教学内容打下一个坚实的基础。如今,人们经常听到校长们说这样的话:"我对年轻教师使用的教学方法并不挑剔。毕竟,有各种各样的实验在进行,他们必须去尝试。但问题是,他们并不真正清楚他们究竟应该教给学生一些什么东西。"鉴于一些初中和综合学校(comprehensive schools)正在尝试开发一种"主题中心课程"(topic-centred curriculum),因此,现在的教师比以往任何时候都更有必要熟练掌握教学内容。在我看来,如果这些教学实验想要证明的不单单是一套新的噱头,那么教师们就需要更全面彻底地掌握这种比传统的"学科中心课程"(subject-centred curriculum)更具整合性的思维形式。

第二节 "教育"(学科)对课程设置的贡献

若要确认教师是否能够熟练掌握这些有关思维形式的内容,只要仔细看看教育学院的"课程设置"(curriculum courses)就明白了。任何想要揭开这一谜团的人都知道,这并不是一项艰巨的任务,当然,它也超出了我的主要职权范围。但是,对于这篇有关课程设置中的"教育"(学)成分之谜的论文,我还是有必要做些思考。

尽管前面我已经说过教学内容的重要性,但是,这里仍有必要再作阐述,因为多数大学都普遍存在着这种一直令我感到困惑的学说:有关小学教师"个人发展"的研究,或许是大学里永远都不会教授的一门"学术"学科。因此,这项为"必教内容"奠基的责任,也就落在了负责课程设置的人员身上。在这里,我们面对的情况是:正如过去社会的主要问题是性问题、而现在社会的主要问题则是阶级问题一样,那些能够透彻理解数学、科学、社会(social studies)、音乐、英语、宗教等学科内容的人,往往是那些主要教大龄儿童的人。在我看来,这种情况就是让教育学院常常感到尴尬、不安和矛盾的问题之源。然而,如果教育学院对课程设置负有责任,那么,它们就势必需要教会师范生,如何将这些学科教给那些对此知之甚少的幼童。另一方面,那些教育(学科的)讲师(education lectures)尽管对幼儿了解很多,但他们通常只有非常初级的学科知识。事实上,他们有时会声称没有独特的认识世界的方式,来为自己的无知辩解。当然,他们对幼儿心灵的认识是正确的,也正确地认识到,人类原初的信仰之间没有相对的差异。但是,他们却没能正确地认识到启蒙运动以来,所谓"有教养的人"的心灵是什么样的。事实上,诸如休谟(Hume)和康德(Kant)等18世纪哲学家的伟大成就之一就是,他们最终证明经验科学(empirical science)与数学具有不同的价值,而且,道德主要不是一个演证的(demonstrative)或经验推理(empirical reasoning)性质的问题。

然而,这种对整体性的强调,蕴含着重要的教育真理(educational

truths)。首先,我们不会把一个拘泥于狭隘专业化眼光看待世界的人称为"一个有教养的人",因为在他看来,汽车不过是一种既无审美情趣优雅、也无历史底蕴、更不存人类善恶潜能的机器。其次,诸如数学物理学、社会科学史和心理分析进路的道德判断等这些不同理解方式之间,完全可以充分发挥它们各自的优势。这些强调"整体性"的理解方式,与心灵分化成的种种理解形式是完全一致的,而现代教师的职责就是将下一代逐渐引入各种不同的理解形式。

　　这种对"整合"(integration)的强调,也为处理学科知识和儿童知识之间的二分法问题提供了线索,尤其是为规模宏大的教育学院"教育"(学)(education)课程主要功能的发挥提供了线索。我坚信,这种整合性的课程设置和教学实践,不仅为教育学(education)专家和学科专家之间卓有成效的合作提供了良机,也将为学生在有关各种课程设置(curriculum subjects)内容和方法的学习方面打下更为坚实的基础,从而缓解目前许多教育学院在这方面的紧张和不安。每个年级都可以设置一个由学科专家(subject specialists)和教育学专家(education specialists)组成的教学团队。例如,在初级科学教学中,这个团队可以由一名受过科学训练的学科专家和一名熟悉皮亚杰(Piaget)及布鲁纳(Bruner)[1]的科学概念发展理论的教育(学科的)教师(education lecturer)组成;人们也希望,这个教学团队当中也包含一两个熟悉科学哲学和如何教授科学哲学的人。其他学科也是如此。事实上,我希望通过鼓励学科教师(subject lecturers)对在职教师进行有关儿童发展和教育哲学的训练,同时也鼓励教育(学科的)讲师(education

---

1　杰罗姆·布鲁纳(Jerome Seymour Bruner,1915—2016),美国教育心理学家,在词语学习、概念形成和思维方面多有著述,同时也是认知心理学的先驱,1965 年当选美国心理学会主席。代表作品有《教育过程》(1960)等。——译者注

lecturers)为在职教师开设有关课程设置(curriculum subjects)的课程,以便进一步巩固二者之间的密切联系。当然,每个讲师基本都忠于自己所在的教育(学)系(education department)或(其它)学系(subject department),但是,他也会对自己所在的负责某个年级课程设置和教学实践的教学团队抱持一种附带性的忠诚,从而使整合式教学得以制度化,而所有教学团队成员都应逐渐发展出这种整合性的教学观。

可能会有人反对我太过强调学科内容,而太少强调每个儿童的发展。然而,这恐怕是误解了我的立场,因为我始终坚持认为,如果不参考人们对世界和他人的道德、交际、科学、美学、历史和宗教的认识方式(这些都是心智发展的组成部分),就无法描述人们所谓"发展"的内涵。我们所谓的"中小学科目"(school-subjects)里面可能都是一些具有高度偶然性的事件,其内容不是出于便利性的考虑,就是出于历史传统的考虑。但是,人类的每一种意识形式却都并非偶然——它们不仅具有各自的真理标准和验证方法,而且代表了人类理解世界和回应世界的主要方式。尽管这些意识形式包含大量个人性和独创性的成分,但是,这些个人性的解释,终归是滋养我们的共同遗产。换言之,我所主张的是一种儿童发展的新方法,它将更系统地顾及这些基本意识形式的早期阶段,而不是将诸如"智力""社会""道德"和"情感"等荒谬地视为一种永恒范畴。与此同时,我也强烈反对,那种向学生教授"科目"、而不认真尝试将其与真正理解幼儿心灵的运行机制相结合的做法。

假使我有更大的职权范围,我将冷静地审视这种教师训练制度,即为了促进小学教师的"个人发展",坚持让他们全员深入学习一门主要科目。在现行制度下,这究竟是不是一种明智之举?(这是否意味着,学习如何教学就不是他们"个人发展"的一部分?)如果能够让一些教师在小学课程主要领域(即科学、数学、英语、社会研究和艺术)接受一种全面的自由教育,并将有关如何在适当的水平上教授这些科目的知识全面地教授给他们,那么,从许多方面来看,这一替代性方案都是非常值得推荐的。但是,鉴于未来设置"教育学士学位"(Bachelor of Education,BEd)将会给教师训练带来的压力,这个建议似乎还是颇有远见的。我担心,它所涉及的各种声望因素,会导致人们对课程设置评价的急剧恶化。然而,如果新的中学开始运行,它可能就会对教师提出更高的要求——至少在这些主要课程领域,它会要求教师比现在更加透彻地掌握知识。另一种合乎"教育学士学位"发展要求的方法是,将中学(the Secondary School)的专业化程度,深入到初中(the Middle School)水平。在不同的主管部门那里,这两种发展思路似乎都可能被采用,这取决于究竟是要把育婴方式(the Infant approach)向上推广到初中,抑或把中等学校的专业化向下推广到学前。但是,无论采用哪种方案,都不可避免地需要为初中生或中学生提供比现在更为全面的课程。

因此,在我看来,作为教学的具体准备,"教育"(学科)的第一要务就是要通过与学科专家在课程设置和教学实践中的合作,为每个教师完成其奠定坚实基础的基本任务,从而帮助新一代通过发展这些理解力和意识形式而有所成就,这同时也是"有教养"(be educated)的组成部分。

第三节　关于技能的教学

对于教学的具体准备,我认为,"教育"(学)的第二要务是要为诸如阅读、拼写和写作(尤其是阅读)等技能方面的教学打下坚实的基础,在我们的文化中,这是每个孩子的"基本需求"之一。乔伊斯·莫里斯(Joyce Morris)

的著作[1],使我们充分了解到许多初中教师(Junior teachers)在这方面的不足。但是,许多幼儿教师(Infant teacher)也要对自身的困境负责,毕竟他们的课堂培养出了许多文盲。我的妻子经营着一家为后进儿童(backward children)开设的读写障碍诊疗所(remedial clinic),她深刻地记得,许多儿童的学习困难都是源于早期阶段的糟糕教学(poor instruction)。而那些幼儿教师之所以会出现这种情况,是因为他们不仅对教师在教学上所要做的"阅读准备"含糊不清,也完全缺乏技能教学方面的训练。此二者结合在一起的典型结果,就是她前几天遇到的一个案例:一位年轻教师被委派到位于优秀学区的一所幼儿学校(Infant school)任教。校长发现,在她任教的第一个学期,自己不得不花大量时间向她解释,如何使用基本的阅读方法与那些渴望阅读的孩子一起读书。她非常了解如何为儿童布置阅读环境,却对如何帮助儿童推进阅读一无所知。经询问得知,这个年轻女教师,以前在教育学院培训时,只听过一次关于阅读的讲座,而且该讲座主要阐述的正是这样一种观点:只要让儿童"准备好"阅读,他们就会自然而然地开始阅读。没想到,这种充斥着半真半假陈述的教育理论,竟被她当成了教学上的灵丹妙药。

第四节 教育的一般理论

我们通常所谓"教育的一般理论"(general theory of education),不同于那种涉及不同学科教学的逻辑、心理及有关教学技能内容的教育理论,而后者乃是学科教学的必要条件。自 1964 年赫尔会议(Hull conference)以来,

---

[1] 乔伊斯·莫里斯(Joyce Mildred Morris, 1921—2014),20 世纪英国一位致力于优化扫盲教学的教育家。她通过对英国广播公司电视剧《看与读》(1967 年首播)、《文字与图片》(1970 年起)以及《行动中的语言》(1974—1983 年)等系列启蒙读物的英语语音学分析,提出了通过阅读提升幼儿敏锐鉴赏力的"语音 44"系统。——译者注

这种教育的一般理论在逐渐告别过去那种我所谓"一团乱麻"（undifferentiated mush）的教育理论，并试图从哲学、心理学、社会学和历史学等不同学科的立场出发，以逻辑上更为准确和更具说服力的方式来处理有关这些学科的教和学的一般问题。我没有必要对这个问题再作赘述了，因为在蒂布尔（Tibble）教授编辑的那本、由劳特利奇和凯根·保罗出版社出版的名为《教育研究》(*The Study of Education*)[1]的书中，我已经对这种教育理论作了详尽阐述。不过，我常常担心，万一这种教育课程落入那些过于热衷自己专业且无法容忍既往传统（尤其是那些仅凭一纸"教育学士学位"文凭就敢肆意指挥那些茫然无知的学生忙东忙西）的教师手中结果会怎样。已经有人听到了一些有关哲学家和社会学家的案例：他们在对小学师生几乎一无所知的情况下，就敢于过早地、以过于抽象的方式为他们开设有关自身学科的正式课程（formal courses）——殊不知，他们根本就没让学生做好相关准备。你无须提醒，我敢肯定，自从心理学很久以前被视为教育课程独特部分以来，许多心理学家一直都是以这种方式开展教育研究的！

还有一个非常重要的"整合"问题。在前面有关将"教育"（学科）的教学与那些课程科目（curriculum subjects）紧密联系的内容中，我已经提到了这一点。在这里，它也适用于将教育理论中有关哲学、心理学和社会学的组成部分整合在一起。随着课程的进行，即使处理课程科目的方式越来越多，也没有理由不去选择一个所有教育理论分支学科都能够参与其中的核心科目，以便为这一问题的解决贡献来自不同学科的理论视角。通过这种方式，学生就能逐渐形成他们对自己所面临问题的看法，而不会像心理学被当作

1　Tibble, J. W. ed. *The Study of Education*. London: Routledge & Kegan Paul, 1966.——译者注

教育理论的唯一组成部分的时候那样,只能通过这一主食来获得片面的营养。在这一点上,我只能引用我在其他地方所写的内容来总结我对"教育"(学)课程的看法。尽管这是从哲学对教育理论的贡献角度来写的,但它也同样适用于教育理论的其他分支学科:

> 由于未来教师正在接受初始训练,情况就大不相同了,因为哲学必须通过这种方式来教授,即逐渐改变他们对教育问题的看法和处理方式。最为不幸的是,如果为了真正告别先前那种充满陈词滥调和混乱思想的教育理论而引入一些正式化的课程(formalized courses),而这些正式化的课程所涉及的问题又超出了学生的兴趣和经验,那么,这些学生就只能为了通过考试而疯狂地学习一门"科目"。
>
> 为了避免哲学成为"惰性观念"的集散地,它必须从学生在训练过程的经验发展中自然产生。必须逐渐将哲学问题与学生在学校中遇到的那些诸如纪律、教学方法和学校组织等方面(也有心理和社会方面)的实际问题和个人问题区别开来。因此,如果能够根据不同学科共同面对的实践问题,逐渐区分出教育理论的不同思维形式,那将是可取的。渐渐地,随着学生逐渐成熟,并开始习惯以不同方式来思考这些问题,他们将能够更深入地学习那些对教育理论有贡献的学科,进而也就做好了接受较正式课程的准备——因为他们终究会达到怀特海所讲的"精确阶段"(the stage of precision)。培养对教育问题的兴趣并开始理解问题所在是一回事,而培养清晰准确地处理这些问题所需的心智能力(mental apparatus)则是另一回事。它需要很长的时间,在初始训练(Initial Training)中,它还只能是一个开始。希望随着"教育学士学位"(BEd)的到来,学生在他们的第四学年,至少能够在教育理论的某一分

支学科中发展到"精确阶段"。

103　　无疑,我们可以把整个教育过程看作一种螺旋:随着时间的推移,它不仅会涌现出一系列的问题,也会逐渐获得深入而精致的处理。诸如"孩子在学校应该受到惩罚吗?""游戏的教育意义是什么?""道德可教吗?""孩子应该从什么时候开始学习阅读?"等问题,都可以获得基于各种不同层面的回答。在早期的教育(学)课程中,学生几乎不知道哲学问题和心理学问题有什么区别,因此,它就可能会成为教师与学生讨论的话题,甚至可以作为硕士学位论文的选题。随着学生在教育(学)课程中的螺旋式发展,他们应该继续关注自己以前所遇到的问题。但是,随着他们的发展,他们不仅应该对隐藏在一般问题之中的不同问题类型越来越敏感,而且应该通过理论与实践的适当结合来扩大和深化对这些问题的理解。

在为期三年的课程中,我们所关心的主要问题是如何才能够培养出优秀的教师,而不是如何培养出优秀的哲学家、心理学家或社会学家。我们最大的愿望是,教师能够对这些不同的看待实际问题的方法日益敏感,从而以头脑更加清晰和业务更加熟知的方式开展工作。然而,随着"教育学士学位"(BEd)第四学年的到来,没有理由不开始进行另一项任务,即培养教育理论分支的专家,这些专家日后可能会在各种"学院"和"学校"担任要职。但是,我们必须时刻保持警惕,这种做法既不能让三年制课程的办学方向变得不接地气,也不能忽略有关儿童教育的具体问题。

第五节　理论对实践的影响

也许在你看来,我对这些问题的处理方式有些反常和自相矛盾。在这里，虽然我以哲学家的身份度过了职业生涯的大部分时间，但我似乎一直在强调实用性；我现在也是一名"教育"（education）专家，而不是"学科"（subject）专家，但在师资训练中，我似乎更强调对"学科"的掌握。如何证明我所强调的这些内容都是正确的呢？强调"学科"并不难证明，因为这是一个合乎逻辑的必然性问题，即教师必须要有东西教。至少，如果我们想要在最低限度上确定"什么才算是教学的具体准备"，那么，这个结论就是可靠的。由此，一旦上升到教育的一般理论领域，我们就需要处理更多推断性问题（speculative matters）。

在盖奇（N. L. Gage）主编的《教学研究手册》[1]一书中，沃伦（Wallen）和特拉弗斯（Travers）有关"教学方法分析和调查"（Analysis and Investigation of Teaching Methods）一文对这些问题的研究，可能会让所有的教育理论家感到沮丧。这篇文章旨在说明，我们有关理论影响实践的许多宝贵信念都是缺乏证据支持的。有证据表明，学生对许多与教育有关的想法产生了201种情感反应，而且，这些情感反应也得到了相关认知结构的支持。但是，几乎没有证据表明，这些想法会转化为行动系统——殊不知，只有通过这些行动系统，教师训练的结果才有可能在课堂上得到体现。例如，许多教师训练方案都侧重于深入而广泛地了解儿童及其发展。虽然"目前几乎没有证据表明大多数教师对学生都比较缺乏理解，但不同教师的理解差异几乎对学习过程没有影响"（第458页）。与他们过去所认同的榜样的影响以及他们自身的个性需求相比，许多教师训练方案对教师课堂实践的影响都显得微不足道。例如，如果一位教师没有一个可以不间断交谈的高度结构化的正式教学评估，那么，他就永远无法快乐地将学院或大量研究结果支持

---

[1] N.L. Gage, *Handbook of Research on Teaching*. Chicago: Rand McNally, 1963.

的方法付诸实践。他更有可能只是在回应自己的某种内在需求，或是模仿自己的某个早期榜样。同样令人沮丧的是，心理学事实上也几乎没有为那些更适合宗教事业的教学方法提供证据。更令人沮丧的是，教育家接受心理学理论的速度之快，似乎模糊地支持了源于其他学科的信念。例如，那些提倡"整体性"（wholeness）的教育家就普遍接受格式塔心理学，而有的人相信"自己动手做"的方法极具重要性，这类人就热捧皮亚杰。然而，很少有教育理论家遵循弗朗西斯·培根的基本建议：我们应该寻找反面例子，我们应该有意识地通过寻找反例来反驳我们所珍视的理论。正如培根所指，这种对证伪的强调，乃是科学方法的核心，而它却与我们那种根深蒂固的"相信自己所希望的就是真实"的心理倾向相悖。受意识形态控制的教育家，尤其容易出现这种常见的认知谬误。

  如果我们决心在教师训练的过程中对实践产生一些实实在在的影响，那么，明智的做法可能会是进行一种更为激进的实验，即让学生系统地师从那些拥有行之有效实践经验的教师。奥克肖特（Oakeshott）在《政治教育》（Political Education）[1]和《教与学》（Teaching and Learning）[2]这两篇文章中所引用的有关教学方式的一般思考，能够为这些研究提供支持。这是因为，如何有效地组织一个情境，使许多孩子既可以单独学习、也可以在课堂上学习，乃是一项非常复杂的技能。如果没有大量的现场实践，教师是不可能习得这种技能的。如果不以当前的一些范例为参照，那么，教师就极有可能会复演以前的范例。如果这种实践不是以当前某个榜样的做法为原型，那么，教师就极有可能去效仿他之前榜样的行为方式。因为任何人在开始教学的时候，都必须在一定程度上认同其学习对象的实践模式。委婉地说，这种榜

---

1 In M. Oakeshott, *Rationalism in Politics*, London, Methuen, 1968.
2 In R.S. Peters (ed.), *The Concept of Education*, London, Routledge & Kegan Paul, 1967.

样所产生的潜在影响可能也具有两面性。因为就其性质而言,这些榜样人物不太可能擅于使用那些适于初任教师使用的方法。

进一步研究这一问题,就会涉及到有关组织教学实践的复杂问题。我坚信,我们应该与学校进行更密切的合作,包括以我们认为可取的方式任用那些在美国被称为"名师"(master teachers)的人才。我所担心的是,如果不这样做,我们可能就得被迫以一种终将被证明是非常不可取的方式去做!

然而,几乎没有证据表明理论对实践有直接影响,我们也不必为此过度沮丧。因为我从来没有想到理论与实践的关系会发生如此突然的转变。毕竟,教学并非一种可以将理论发现立即输入实践而获得直接应用的技术。当然,教师使用的诸如休息暂停、激励和练习等基本手段属于这一类。但是,大多数教学都涉及到人与人之间所存在的那种高度微妙的道德关系——只要教师不去贬低教学所涉及的这种道德关系并将其个人化,他就不能将教学简化为一系列的技巧。由此可见,理论对于实践的影响是长期的——它表现为一个人对儿童、对自己以及对他所处环境看法的逐渐转变。不久前,我们有一位教育(学科)的客座教授(a visiting professor of education)参加了我们系的一些研讨会,并对我们所做的事情展开了研究。在一场有关道德主题的研讨会行将结束时,他询问学生:今天晚上的讨论会,会对你们明天早上所要面对的儿童产生什么影响?学生编造了几句好话来回应他的敏感问题。但是,在他离开之后,学生却纷纷表示:等他上完这门课程,他就不会再问这么愚蠢的问题了!但是,他们都是经验丰富的教师,之所以回来学习,是因为他们觉得自己需要更多的理论。我怀疑处于初始训练阶段的师范生是否会对理论抱有这样的反应。匹此,我们需要重新回到有关理论在教师初始训练中的作用这个问题上来。

在我看来,在初始训练阶段,学生仅仅参与了教育情境中的消费端,因而产生了幼稚想法,而教育理论的主要功能就是消除这些幼稚的想法,并逐渐重建他们对必须采取行动的教育情境的看法。教育理论应该使他们意识到他们当前的所作所为意味着什么,这样,他们就不会轻视教育理论或者对教育理论感到不耐烦了。相反,当他们有了足够多的教学实践经验并觉得教育理论充满意义时,他们就会下定决心在后续教学实践中适当从事一些教育理论方面的研究。我之所以强调要通过实际问题来研究教育理论,一部分原因是因为这反映了我自己对教育理论本质的看法,另一部分原因则是因为我认为这种方法比任何其他方法更有可能激发学生更多地思考他们当前的所作所为。

传统的教师训练方法是,通过对某种意识形态的承诺,来补充科目和技能传授方面的基本训练。这种意识形态通常是以所谓"教育原则"(Principles of Education)的形式来传达的,并辅以少量正确的心理学支持。这种传统的师资培训方法特别适合小型单性别的教育学院。在以前,这种教育学院的教员主要都是忠于某种价值观且尽心尽力的女性。现在,这种做法已经不合时宜了。随着教育学院的规模越来越大,人员和思想观念越来越混杂,也就出现了有关纪律与共识的问题;而且,各种各样的新观念都在涌向他们。英国的教育系统处于高度流动状态;在教育目的方面也没有什么共识;各地的课程都备受争议;教学方法也一直受到质疑。而为既定知识提供有效性辩护的缺乏,也使得既定知识成为服务一切专注知识学习者的专利。

在这种情况下,任何好听的意识形态都至关紧要,因为它会极大地妨碍教师的工作。几周前,我听说过一个案例,一名实习生尽职尽责地在我们伦敦的一所学校为学生设立了一个兴趣表。然而,学生只是平静地扫了一眼那个表格,为此,其指导老师还向该校校长表达了不满。而校长则回应说,他已经把这个实习生安排到了该校表现最好的班级,只不过他们还没有做好接受这种方法的准备。"但我不能放弃我的原则。"那位实习生抗议道。然而,尽管《纽森报告:我们未来的一半》[1]所描述的那个年代已经成为过去,教师对那种起初更适用于中产家庭儿童的教学方法也没什么反应,但是这些教学方法不仅提供了大量的语言材料和学习材料,而且还提供了有利于学习的态度和对个体差异做出反应的社会控制系统。看在上帝的份上,如果我们要以儿童为中心,那么就请真正去研究一下我们所教的儿童吧。伯恩斯坦(Bernstein)[2]的研究表明,在我们的幼儿学校中,与那些社会条件优越的儿童(privileged children)相比,教师可能需要在认知、语言和社会探索方面对社会上的弱势儿童(socially disadvantaged children)给予更多的控制和规划。此外,学校缺乏教学实习的名额也是一个问题。现在,这些师范生越来越需要在他们日后可能任教的学校里实践锻炼!

当然,这一切并不意味着,我们应该抛弃从"进步"方法中学到的一切,转而回归到那种古老的大众教学体系。相反,我们应该全力帮助教师对教学方法形成一种批判性、经验性和适应性的态度,并鼓励他们学会独立思考,尝试运用不同教学方法将不同类型的科目教授给不同类型的儿童。如果一个师范生在教学实践中首先关注的是指导老师认可何种教学方法,担心自己会因尝试与之不同的某种方法而被扣分,那么,我们应该将这视为其所在教育学院的一个污点。如果我们能够经常听到自己培养的实习生说一些以"尽管我几乎不敢在我的学校里说……"开头的聪明话,我们也应该把它视为自身办学上的一个污点。什么是教育学院(Colleges of Education)?

---

[1] 语出1963年的纽森报告《Newsom Report: Half Our Future》,意指未来即将成为英国公民的儿童。——译者注
[2] 巴塞尔·伯恩斯坦(Basil Bernstein, 1924—2000),英国当代著名教育社会学家,"教学话语理论"的开创者。1962年任教于伦敦大学教育学院,1967年任教育社会学教授,1979年出任英国社会学研究协会主席。主要作品有《阶级、符码与控制》《选择与控制》《教育传播的理论分析》《社会阶级、语言和沟通》等。——译者注

它究竟是一个灌输中心,还是一个学生和教职员工都能学会如何进行无畏的自主思考的地方？如果这种批判性的、实验性的教学态度能够得到更多的鼓励,那么,恐怕我们可能很快就不会再培养出来一些认为只要他们在课堂上不停讲授(或停止讲授)就肯定能让儿童学到东西的教师,也不会再培养出一些在不仔细检查每个孩子的实际学习基础的情况下就让学生展开"自由"练习的教师。更妙的是,我们可能也不会再培养出那种讨厌"教学"(teaching)的教师。

发展一种批判性的、独立性的、实验性的教学方法,是一项漫长的工作。这是一种教育活动,而不是任何狭隘的训练系统。如果学生从我们学院毕业时能够至少掌握这方面的基本知识,那么,就像任何"教育(学)"(education)课程在初始训练阶段所能提供的具体准备那样,他们也算是为现代条件下的教学做好了一项"具体"(specific)准备。他们甚至会告诉我们:与他们所接受的学科学习和教学实践一样,他们的教育理论课程(course in educational theory)也是教师训练的重要组成部分！

(彼得斯,1976)

第九章 教育作为一门学术性学科

第一节 教育研究的跨学科性质

我的出发点是，作为一门学科，教育和政治一样，都是仅仅依靠一种思维方式去关注那些难解的问题，例如数学问题或物理问题。所谓教育问题（educational problems），就是诸如"我们应该在中学实行体罚吗？""综合课程（integrated curriculum）能够提高学生的学习水平吗？""是否应该扩大幼儿教育的规模？"之类的问题。在首先展开有关"惩罚""整合"和"教育"等概念研究之前，我们既无可能、也不应该试图通过设计一些实证研究（empirical studies）解决这些问题。我们必须将惩罚与纪律及心理学家在进行负强化实验中对狗所做的各种事情区别开来。我们必须探究"综合"（integration）研究与"跨学科"（interdisciplinary）研究之间的区别，以及人们在"整合"意识上的强弱差异，等等。我们必须将"教育"（education）与"社会化"（socialization）区别开来。在这三个说明性的例子中，我们还必须提出有关惩罚的辩护问题、不同认识方式的地位问题，以及教育论点与经济论点之间的相互作用问题。只有到那时，我们才能够认识到什么才是有价值的实证研究——无论它们是心理学形式的实证研究，还是社会学形式的实证研究。例如，只有在对惩罚一般人（尤其是儿童）的原因采取特定的道德立场时，有关惩罚之于罪犯的影响力调查才会具有决定性的意义。正如许多人所声称或担心的那样，这种调查情境的建构，并不仅仅是哲学家的事情，心理学家、社会学家以及历史学家对"惩罚""综合"和"教育"等概念的使用，也有许多他们自己的看法。因为这些概念会因不同的社会情境、历史时期和儿童发展阶段而不同。这些社会因素和发展变量，也会影响到教育政策和教育实践的合理性。

鉴于教育研究（educational studies）所具有的这种跨学科的性质（interdisciplinary character），我们有什么理由不将其列为一门值得尊敬的"学术性学科"（academic discipline）呢？显然，如果我们所说的"学科"是指按照单一类型的真理标准及其派生的确定方法论建构而成的学习形式，那么，教育研究并不成其为一门学科。因为，在这个意义上，正如我前面已经指出的那样，教育研究乃是这些"学科"（disciplines）与一系列具体问题的交汇点。但是，这并不构成将其排除在学术机构之外的充分理由，除非政治、法律和经济学也被排除在外——尤其是因为有关教育研究的基础学科（即哲学、心理学、历史和社会学）在学术机构中早已根深蒂固。事实上，当人们普遍反对知识碎片化和条块分割化的时候，以及当人们试图"综合"各种学科的时候，像教育研究这种最具跨学科性质的学科，就理当受到学术机构的欢迎。

那么，教育研究所具有的这种以问题为中心的性质（problem-centred character），是否会与其作为"学术性"学科不相容呢？据我推测，这一问题争论的焦点在于，教育研究是否必须关注实际问题，而不是人们所珍视那种以更具反思性与客观性的方式进行研究的"学术"问题。答案是，尽管多数人都将教育作为一门具有实践关怀（practical concerns）的学科来研究，但是，它却未必非得这样研究不可——因为它既可以涉及理论上的具体问题

(concrete problems of a theoretical),也可以涉及具有高度一般性的实践问题(practical problems at a high level of generality)。正如在政治研究中那样,一个学者可能只对公务员在多大程度上影响政治决策充满好奇,却并不想与公务员打交道或影响政治家;同样,一个有教养的学生也会对学校成绩与社会经济背景之间的关系充满好奇,而并不急于提高学生的成绩。或许,他只是想知道,在无关大政方针的情况下,是否可以把综合化(comprehensivation)作为中等教育的理想政策。在这方面,教育研究就像人们经常拿来与之比较的医学或工程学一样。尽管在应用哲学领域工作的我本人,也发现很难采取这种超然的立场,但是,那种超然的立场也有其存在的合理性。

第二节 教育理论发展的三个阶段

那么,在像大学这样的学术机构里,为什么人们一向会对教育这个研究领域充满敌意呢?也许是因为,与法律和医学相比,它是一个与地位低下、成员众多的职业有关的研究领域。也许是因为这也是一个所有学者都自认为了解的学科,因为他们都有相关的教学实践经验。当然,这也是因为虽然教育研究至少可以区分为三个发展阶段,但学术界对它的态度在很大程度上仍停留于对其第一阶段所接触到的代表人物的印象。亦即我所谓教育理论的"一团乱麻"(undifferentiated mush)阶段。而事实上,教育理论并非完全没有区分;因为这种相当模糊的教育智慧,往往是受心理学和教育史中的某些较精确信息支持的。

在20世纪60年代,人们开始认识到,在专业哲学家所谓的"哲学"意义上,哲学与社会学都做出了巨大的贡献。因此,第二阶段有关教育问题的区分研究，总体上取得了预期结果。虽然那些对教育研究有贡献的学科取得了一些成功，但教育理论本身却付出了总体性的代价——因为这些学科的代表之间，开始变得越来越无法相互交谈了。从一定程度上讲，这是由于人们普遍都错误地认为，要用教学法（pedagogy）来教学科的逻辑（the logic of the subject）。人们认为，由于教育问题需要不同的思维方式来解决，所以，教育作为一门学科，主要应该通过训练相关学科的人员来进行一种彼此孤立的学科教学。人们常说，学生自己能够将各学科所学的知识"整合"起来。但是，实际上有多少人能够做到这一点呢？当然，对教育问题的思考，不仅需要将不同方法与具体问题的学习情境相结合，也需要在不同学科中寻求问题学习情境的具体化。至于究竟应该在多大程度上对学习情境进行区分或整合，在很大程度上取决于问题的性质、学生的水平、导师的可用性等方面的因素。在我们无知的现阶段，并不存在任何教条主义的施展空间。但是，由于在教育理论发展的第二阶段重新强调区分研究，其最终的结果是，有关"我们应该使用体罚吗？"这一问题仍然没有答案，因为从事惩罚哲学研究的人，与那些正在处理这一问题的心理学家或历史学家，在制度上或智力上处于一种彼此分离的状态。或者，哲学家在某一领域已经做了大量的工作，而其他学科的代表却没有从事相应的工作。因此，现在所要谈的教育理论的第三阶段，就试图围绕具体问题来整合这些对教育研究有贡献的学科成果。

　　阻碍这一进程的另一个完全可以预见的趋势是，那些醉心于教育研究有贡献的学科之中的人们，不仅会越来越多地受到这些学科中较一般问题的吸引，而且还会逐渐丧失他们对那种比较混乱、比较世俗的教育应用领域的兴趣。正如先前行为主义全盛时期在心理学中占据主导地位一样，许多人认为，一个人只要勇于将其所掌握的有关内驱力或刺激反应的心理学知识片段应用到课堂上,就能保住他作为一名对教育有贡献的心理学家的清誉。因此,那些钻研哲学的人也认为,哲学是由一种叫作"概念分析"(conceptual analysis)的东西组成的,而哲学家唯一能做的就是进入教育领域,并在教育话语中寻找某种"概念上的死角"(conceptual promontory),以便用他的"反我"(half-nelson)进行批判。杜威就是一个不错的范例。他坚持认为,关于教育或其他任何事情的思考,都必须从问题开始。不幸的是,他对问题解决模式的看法太过刻板了。

实际解决教育问题的另一障碍是,一个立足未稳的学科(an insecure discipline)既想确立自己的地位、又想谋求教学的时间保障、还想让工作人员承担教学任务。例如,必须承认,教育哲学通过攻击进步教育兜售的灵丹妙药,在一定程度上已经登上了历史舞台。不过,教育哲学的拥护者,并不总是想着如何洞察隐藏在激情洋溢的口号中——诸如"让孩子们成长"等教育话语背后——的生活观和教育观。相反,他们之间时常充斥着一种对抗性的谈话,而不是一种思想的交流。同样,教育社会学最近也开始对知识的组织问题展开长篇大论。这种普遍而时髦的反建制路线(anti-establishment line)在其发展过程中,不仅时常会忽略知识本身的社会基础与知识传播方式之间的重要区别,而且常常对几个世纪以来人类有关真理和客观性问题的认识论工作一无所知。或许,在这场争取承认的普遍斗争中,历史学家表现出了太少的抱负心——他们概括了历史条件,却没有展示任何详细的历史知识。有时他们也能清醒地解决问题(尽管他们似乎总是睡意蒙眬),但是,对于诸如"儿童中心教育"(child-centred education)的发展或课程的历史决定因素之类的夸夸其谈,他们却视而不见。

第三节　课程理论的发展

说起课程,它是当前教育作为一门学术性学科发展的另一个方面。当然,"课程"现在是个时髦概念,尽管"课程"一词所涵盖的内容晦涩难懂,但是,与教育有关的许多事情往往都会贴上"课程"的标签。在过去,教育有着自己的目的、内容和方法。而"课程"则是一个非常模糊的词汇,它大致是指那种被明确教授的内容——如果你愿意的话,也可以简要地说它指的是教育内容。然而,如今,人们却认为它包含了目标(最好是可测量的"行为"目标)、内容和方法。此外还有一种隐性课程(hidden curriculum)。但是,抛开这些概念上的细节不谈,课程研究事实上已经变成了一个教育基础学科代表之间以及他们与各级学校学科专家之间的合作领域。在我看来,如果相关学科的专家能够与一些教育基础学科(如发展心理学)之间进行合作,那么,他们就会产生一些像纳菲尔德科学(Nuffield science)和古典文学(classics)那样最富有成效的成果。我很担心那些对教授特定科目问题知之甚少的人对课程泛泛而谈。这让我想起了有关"教学方法"方面的专家,在与艺术学部(the Faculty of Arts)的成员进行闭门交谈后,暗暗地嘀咕道:那些"艺术科目"(arts subjects)存在着教学上的特殊困难。一方面,这可能是因为他们或许不知道如何教授艺术;另一方面,可能是因为教授法语的困难与教授哲学或历史的困难,有着太多的共同之处。

对课程研究的一种批评,可能是它们从一开始就没有涉及心理学以外的基础学科。例如,在教育社会学领域,有关组织因素对知识理解和经验分享的影响,就有很多值得学习的地方。令人惊讶的是,许多新的数学教师没有意识到,他们的教学方法预设了数学哲学中独特且存在争议的立场。同样令人遗憾的是，在大学中，其他系和教育系之间很少会有联聘教师的情况——例如，数学系的一名讲师，他在向本科生教授数学的同时，也与教育系合作从事有关数学教学问题的专门研究，而这项研究对于他数学系同事的教学工作也将是有帮助的。事实上，人们往往难以说服其他学者认真对待教育研究领域。他们准备承认，即使教育哲学和教育心理学仅限于教学、学习、动机、自由、权威、纪律等有关教育一般问题的研究，也还是会有很多工作可做。但是，他们并不理解教育的复杂性，因为教育必然包含学习，这就需要两个层面的学术研究。这两个层面总存在变化，这本身就构成了一项学术研究，而且，学习和教学的形式与条件，也需要学术性质的基础研究。通常，这些领域的同行本身就是学习内容方面的权威，当然，学习方式部分取决于该领域内容的性质。但并非完全如此，因为这一领域的一个关键问题是，学习方法在多大程度上取决于学习内容。而且，人们很难区分有关学习的逻辑问题和心理问题。这些问题困扰着我们的头脑。回答清楚这些问题很困难，这种困难在体制层面表现为人们在有关由谁来决定学习方式和教学方式问题上的冲突——是否应由对儿童发展、学习和动机问题感兴趣的学科专家来决定？在教育学院中，教育研究领域的讲师和主科讲师之间有关"课程设置"（curriculum courses）的冲突，也反映了脑力上的困难。

根据这一简要分析，很容易理解大学教师（university teachers）对课程问题的态度反应。由于他们对学科内容有详细的了解，因而他们往往会认为，他们所要做的无非就是让中小学教师（schoolteachers）从他们那里获得对学科内容的详细理解，并为其提供一些有关如何将学科内容传授给各级学生的实用技巧。他们可能会倾向于认为，应该由学科逻辑来决定学科内容面向儿童的呈现方式。因此，他们不仅会以不耐烦的态度看待有关儿童发展和学习心理学方面的研究，还会对以下观点提出尖锐批评，即教师全面掌握所教内容（对传授学科内容而言）是最重要的因素。当然，他们的观点即教学组织形式既不应该由儿童心理规律决定，也不应该由教师的知识水平决定，而应由学科逻辑决定，具有一定程度的正确性。但是，他们错误地将良好教学的"必要条件"（necessary condition）当成了"充分条件"（sufficient condition）。更有甚者，他们可能还会对教育理论工作者（educational theorists）所提出的有关如何改进自己学科教学的建议感到反感。

那么，课程理论是否可以作为第三发展阶段的教育学术研究范式呢？当然不是。即使我们认为在任何问题领域，都可以基于理性的固化印象来明确我们的研究目标——在这一阶段，哲学家有一定的用处；然后，请心理学家和社会学家为实现这些目标设计可行的实验；最后，召集测试人员来评估是否成功。殊不知，哲学家、历史学家和社会学家都能指出这一理性主义基石的缺陷。只有我们准备从问题开始，并且对问题是什么以及如何解决这些问题（如果它们确实只是问题[problems]而不是困境[predic-aments]）没有太大把握，我们才不会把它视为一个有用的范例。

首先，如果我们对解决这些问题的学科分工抱有信心，那么，我希望我们能够进一步思考下面这个问题。课程涉及到人们对事物的学习，其中，知识和理解占据着重要的位置。但是，谁知道那些有关学习和思考的心理学与哲学问题之间有什么区别呢？当我第一次阅读布鲁纳（Bruner）的《教育的过程》（The Process of Education）时，我有一种模糊的熟悉感。我以前在哪里读过这种东西？然后我想起来，我曾经在密尔的《逻辑系统》（System of Logic）或者惠威尔（Whewell）等人的作品中读到过。此后，皮亚杰在他的认识论中写出了大量的此类作品。但是，他的作品仅被视为一系列心理学文本。现代哲学家强调，概念只能被放置在一定的社会生活背景中来理解，而且其中充斥着许多非语言的因素。然后，他们发现，教育社会学家也将它视为社会学的新发现。程序性学习（programme-learning）的有效性，在多大程度上取决于学习者对学习材料的概括水平，又在多大程度上取决于那些能够将主题分解为小步骤的学习者对这些步骤的详细研究？我们是否像十分了解双方争议边界工会谈判代表（shop stewards）那样，清楚那些对教育研究有贡献的学科的边界在哪里？

我相信，如果代表不同教育观点的人能够建设性地参与有关课程计划的设计，而不是在课程计划启动之后将其推翻，那么，这种做法将会对课程设置大有裨益。例如，有多少课程计划的制定，是从不假批判地照抄布卢姆（Bloom）[1]的分类法开始的？后来，其他人又花了多少时间来揭露其中的不足，殊不知，这些不足之处从一开始就不利于整个课程计划的实施。如果哲学家能够少花一些时间去揭露他人的混乱概念，社会学家能够少花一些精力去诊断他人的社会立场，并且二者都多花一些时间去建设性地参与到具体教育问题的学术研究，那么，教育理论就将获得巨大的收益。问题的关键在于，在课程计划制定的晚期，这些来自外部的批评似乎无助于计划的完善。例如，人们往往乐于听取一些特邀评论，而当这些特邀评论被认为过于激进时，人们往往又对之置若罔闻。但是，如果这些都是来自内部的批评，并且是在课程计划制定的早期阶段提出的，那么，情况可能就会有所不同。

是否还有人非常确信有办法解决课程设置问题，以至于对那些中肯的批评也漫不经心？我希望他们不要这样；因为在我看来，我们在教学和学习方面的无知程度，与古希腊人在医学或气象学方面的无知程度差不多。例

---

[1] 本杰明·布卢姆（Benjamin Bloom, 1913—1999），美国当代著名的心理学家、教育家，"教育目标分类系统"学说和"掌握学习"理论的提出者。主要作品有《教育目标分类学》《人类特性和学校学习》《我们的儿童都能学习》《掌握学习理论导言》等。——译者注

如,进步主义者和传统主义者之间关于教学方法的许多争论,就像古人为各自坚守的信条所进行的斗争一样。只不过,我们现在倾向于引用小规模的研究而非典籍来支持论点,有时我们则通过委员会成员之间的对峙而不是社团之间的对抗来形成对问题的决议。希望不同学科代表之间能够更多地通过开展合作,来消除学科之间较为普遍的紧张关系。我们常常戴着有色眼镜看待其他学科的人,并怀揣着紧张不安的心理。即使你不是哲学家,你也很可能会相信有一种叫作"概念分析"的东西,而哲学家则必然会认同这种与伯克[1]式的普通语言观密切相关的东西。即使你不是社会学家,你也可能会认为社会学家必然赞同马克思主义或民族志研究(ethnomethodology);即使你不是心理学家,你也很可能会认为心理学家要么是行为主义者,要么是弗洛伊德主义者,或者是在皮亚杰主义道路上的蹒跚学步者。但是,倘若人们能够在具体问题上展开一种系统的合作,就能减少一些这种轻率的刻板印象。

有关针对具体问题开展合作的另外一种类型案例,对于那些对教育研究有贡献的学科本身和具有跨学科性质的学科工作同样有效。它涉及"纯"学科在应用于教育领域的过程中所衍生出来的工作特性。它催生了一个被严重滥用的"相关性"(relevance)观念。即使我不打算着手解决这个概念被过度滥用的问题,也至少可以就理论与实践之间的"相关性"提两点看法。它们可以指称某种直接意义上的相关性——在这个意义上,化学知识可以用来炸毁建筑物或融化一些冰。同样,教育理论也可以被用于解决某种(如在技能教学中的)教育问题。但是,更多的时候,"相关性"乃是一种较为广

---

[1] 埃德蒙·伯克(Edmund Burke, 1729—1797),爱尔兰政治家、作家、演说家、政治理论家和哲学家,他曾在英国下议院担任了数年辉格党的议员。代表作品有《与美国和解》(1775)、《为自然社会辩护:检视人类遭遇的痛苦与邪恶》(1756)、《对法国大革命的反思》(1790)等。——译者注

义的概念。尽管在思想和行动、行为和意识之间做出明确区分很常见,但这却是一种错误的做法。这是因为,正如不同的行为方式与行为人的不同处境密不可分一样,一种行为基本上是由行为人的想法和意图来确定的。现在,如果人们不把理论仅仅当作一种惰性观念的集合来学习,那么,一个人的看法就会逐渐被它改变。例如,他不仅会以一种迥然不同的眼光看待课堂上发生的情况,还会对其中所存在问题的性质以及提升课堂质量的方式,拥有一种完全不同的看法。

如果一个人着手思考具体的教育问题(例如:关于校长的角色、学生的参与或惩罚问题),那么,他会在多大程度上运用到相关学科的思维类型呢？从教育理论的角度来看,人们必须牢记这样一句格言:"如果无处发痒,就不要乱挠。"我的意思是,我们必须努力解决一些教育的具体问题。尽管谁也无法提前预知教育情境中究竟会发生什么具体问题,但我确实知道,在指导学生完成博士学位论文的过程中,我总是会对他们说这样的话:"这些都是有趣的哲学观点;但是,这些观点究竟会给你所研究的教育问题带来了什么启示呢？"我也知道,一些教育哲学家的做法恰恰相反。正如心理学家根据一些所谓的"科学"范式进行心理学研究一样,他们也会以哲学系同事所认可的方式进行一些哲学研究;然后,他们可能就会挠头问道:"这与学校和教室里发生的事情有什么关联？"这代表了另一个极端。当然,二者可能也会具有一定的相关性。例如,无论你将皮亚杰的工作叫作哲学还是心理学,它都肯定与教学和学习问题高度相关。但是,他并没有考虑任何实际的教育问题。因此,关键问题未必在于某一理论作者的意图,而是其最终产品与某些教育问题之间的联系。正是这种纽带关系,赋予了教育理论内在固有的统一性。

以上讨论有关教育作为一门学术性学科的结果是什么？它是否意味着

我们应该放弃那种分学科的教育研究方法？在我看来，当然不是；相反，我们应该更谨慎地规划，将这种分学科的方法与那些更为细致的、跨学科的、以问题为中心的研究相结合。给大家举一个最近我亲眼见证并且我们必须避免的例子：我参加了一个由教育哲学家组织的会议，会上也有不少心理学家和纯粹的哲学家。其中有一篇关于"发现法"（Discovery methods）的论文，它试图追随科尔伯格（Kohlberg）[1]的建议，为学生创建一种类似于苏格拉底在《美诺篇》（Meno）中与奴隶对话的学习条件。一些哲学家很快就对这篇论文提出了严厉的批评，他们认为演讲者对柏拉图的看法是相当肤浅和仅凭印象就做出主观臆断；而一些心理学家则表示，演讲者对皮亚杰和布鲁纳的误解令他们感到震惊。而那些在教学中实际使用发现法的教师则认为，该作者对教学实践的描述，让人识别不出他究竟在哪里用了发现法以及如何使用了发现法。虽然这篇论文并未赢得任何人的满意，但它却对所涉及的研究领域拥有精确的了解。因此，我们还是应当把这篇论文视为一次探索教育问题的有益尝试。

第四节　教育学者的三个生活世界

在我看来，教育学科的下一个发展阶段，就是要对具体的教学情境开展切实可行的研究。为了实现这一点，教育（学科）的教师（education lecturers）必须同时生活在三个世界中。借用弗洛伊德的意象来讲，他们必须同时拥有超我、本我和自我。他们的自我或者身份中心，大概必须处于他

---

[1] 劳伦斯·科尔伯格（Lawrence Kohlberg, 1927—1987），美国儿童发展心理学家。他继承并发展了皮亚杰的道德发展理论，着重研究儿童道德认知的发展，提出了"道德发展阶段"理论，在国际心理学界、教育界引起了很大反响。主要作品有《道德发展的哲学》等。——译者注

们所擅长理解的教育方面。它可能是教育的哲学方面,也可能是历史的教学方面。这是他们赖以生存的面包与黄油的世界,也就是"自我"的世界。但他们绝不能与他们母学科的进展失去联系,即不能与超我失去联系。这意味着,在我所举的例子中,他们必须跟上那些纯学科发展的步伐,即所谓不与他们的母学科失去联系。没有什么会比这样一种情况更糟糕了:在大学中,一些教育系的成员与同一所大学中从事纯学科教学与科研工作的人,无论在身体上还是心理上都处于一种彼此隔离的状态。简要地说,这可谓是北美教育学院的一大弱点。然后就是"本我"(the id)——实际上,这种说法有点儿用词不当。我指的是那种比较冒险、比较不安、比较不受约束地与陌生人一起探讨问题的本我世界——这个世界充满了被压抑的野心和混乱无序的局势带来的焦虑。但是,正是在这一领域,我们必须建立起自身作为某种教育理论工作者的集体身份。就我们的自我而言,一切都很好。我们中的一些人努力与超我保持一致;我们尽量不让它只是成为一种来自遥远过去的声音。但是,由于缺乏理解,当我们考虑从事我们深切渴望去做的事情时,我们就会感到它事实上无力为我们提供任何一种回应教育问题的答案。问题是,在研究教育问题的过程中,我们如何才能做到既满足自我,又满足对相关问题持有不同观点的我们同行的自我呢?

我建议,解决这一问题的一种方法是以零敲碎打的方式大胆尝试,并与其他人就某些特定问题或感兴趣的领域(如发现法、道德教育、考试等)组建一个研究或教学小组。我们可能必须非常小心地挑选队友——这并不仅仅是出于个人原因;因为那些对教育研究有贡献的学科方法,可能与我们自己的方法完全不兼容。或者,不要队友、孤军奋战也行,但不能便宜了不怀好。事实上,这有时会引发严重的焦虑,信不信由你。在来到教育学院之前,我同时在伦敦大学伯克贝克(Birkbeck)学院的哲学系和心理学系兼职。在教育学院待了一段时间后,我受邀参加了一个关于道德发展的跨学科研讨会。我说关于这个论题,我可以处理有关哲学和心理学方面的问题,但需要一位富有同情心的社会学家的帮助。众人的反应,几乎要把屋顶掀翻了:这位哲学家叫嚣"包揽"我研究组的席位;那位心理学家则呼喊自己被剥夺了权利,如此种种!我们还能荒谬到何种境地?当然,如果说一个受过哲学训练的人在任何问题上都可以公正地对待心理学,那也是荒谬的;但是,在他长期感兴趣的几个领域,他肯定是可以处理的。事实上,我想强调一点:只有当个人或一群志同道合的人发起并开始这样做时,教育理论才能得到适当的发展。我在新西兰一所大学的一个小教育系度过了一个最令人兴奋的夏天,在我看来,这是澳大拉西亚群岛(Australasia)[1]最好的大学之一。工作人员中只有一位教育哲学家,但有两位非常优秀的教育心理学家。我花了好几个小时和他们讨论教育问题,并大量阅读了有关儿童发展方面的书籍。我们之间既没有发生边界划定的争议,也不存在谁属什么领域的担心,我们只是试着解决问题。然而,正如新西兰的多数教育系一样,这个教育系也是苏格兰教育制度的前沿哨所:他们并不训练教师。因此,教师在休息室里也不会谈论在学校所能遇到的具体问题。事实上,这也使他们难于接触到整个与学校相关的问题。此外,那里完全没有有关教学方法方面的师资。可以说,那里整体缺失教育作为一项学术研究的条件。

  这促使我们发起另一有限合作计划,它不仅是负责教授不同方法科目的人员之间的合作,而且是教授方法的人员与基础学科专家之间的合作。哲学本身就包含一系列的哲学分支,如科学哲学、数学哲学、历史哲学、宗教哲学、语言哲学以及美学。只有在某些情况下,如历史哲学,才有很多

---

1 澳大拉西亚(Australasia),包括澳大利亚、新西兰及太平洋西南岛屿。——译者注

关于学科性质以及如何教授该学科的规范性思考。由于各种原因，教育哲学更多关注一般教育问题，而不是与特定学习形式相关的问题。当然，心理学中的学习和动机理论也是如此。在这些领域，合作项目的范围是无限的。

也许，现在也已经到了我们以更加敏锐的眼光重新审视那些伟大的教育理论先驱的时候了。不过，一想到有人会像库克[1]那样走马观花地对待伟大教育家，我们就发憷。如果我们能够去研究诸如赫尔巴特、威廉·詹姆斯[2]、涂尔干和柏拉图等一些真正有能力的人，并仔细考察一下他们是如何在自己的系统中将有关伦理学、心理学、知识论、社会学等不同的教育理论结合到一起的，那么，这可能会是一种非常有益的研究方式——它不仅有助于我们以一种更加合乎逻辑和更具批判性的眼光审视我们自己及我们正在做的事情，也有助于我们将一些出于本我的比较疯狂的胡言乱语，同化到一个较少受限制和束缚的自我中。换言之，它可能有助于我们为教育研究领域的教师建立一种更为一致的身份。当然，我并不是说，应该在第一学年的初始训练课程中就使用这种方法来介绍一些伟大教育家。这里存在着一个孰先孰后的问题，因为在一个简短的问题中心课程（至少包括12周的教学实践）中，很难全面做好这种研究。把它放到教育研究的高级课程或三年制

---

[1] 托马斯·库克（Thomas Cook，1808—1892），19世纪英国旅行商，现代旅游的创始人。他是第一个组织团队旅游的人，组织了世界上第一例环球旅游团，编写并出版了世界上第一本面向团队游客的旅游指南《利物浦之行指南》，创造性地推出了最早具有旅行支票雏形的一种代金券，创办了世界上第一家旅行社——托马斯·库克旅行社（即：通济隆旅行社），这标志着近代旅游业的诞生。因此，他被誉为"近代旅游业之父"。——译者注

[2] 威廉·詹姆斯（William James，1842—1910），19世纪后期美国思想家，美国机能主义心理学和实用主义哲学的先驱，美国心理学会的创始人之一，1904年当选美国心理学会主席，被誉为"美国心理学之父"。作为三位伟大的实用主义者中的第二位（皮尔士和杜威的中间环节），他的认识论不是抽象地考虑思想的意义和信仰的真理，而是考虑它们在人们生活中可以产生的实际影响。代表作品《心理学原理》（1890）、《实用主义》（1907）、《彻底经验主义论文集》（1912）。——译者注

学位课程中开设,可能会更合适一些。但我确实觉得,是时候重新审视一下过去的某些理论家了。他们仅凭成功的实践经验,就草率地抛出观点,这种做法很外行。然而,他们不仅热衷于此,而且试图运用当时已知的学科知识来系统解决教育问题。在教育研究中,我们往往会为自己刚刚做过的事情感到尴尬,但我们不应该忘记,我们还是应该拥有一段更为严谨的学科史。

(巴兹尔·布莱克韦尔 & 莫特出版社,1973)

第十章 大学在教师教育中的职责

詹姆斯委员会(James Committee)泄露了一项提议,即如果无法完全切断大学与教育学院之间的联系,那就设法削弱两者间的联系。目前,教师界似乎正在奋起抵制该提议。有传言称,教育学院将被降级为高等教育领域一个只能授予低级学位的现代中等技术学校(secondary modern)[1]。也有人认为,让一些人获得一个真正意义上的"教育学士学位"(BEd),总比所有人都去获得一种学术绿标印章要好得多。

这些关于教育学院学术地位的争论极其重要,因为对这个问题的忽视,乃是导致命运多舛的现代中等技术学校走向夭折的原因之一。显然,教育(学)专业的降级,不仅会对该专业的招聘产生直接影响,而且会对学校的教育质量产生长期影响。然而,在本文中,我并不打算详细讨论这些比较一般的社会问题。我想重点谈谈之所以要保持和加强大学与教师之间联系的教育(学)缘由。花园里的一切并不可爱,从事教师教育工作的每个人都很清楚这一点。教育(学)专业遭受越来越多的非议,教育学院降级的提法也日渐升温,但这只是暂时的阶段。如果误以为这种暂时状态会持续恶化下去,

---

1 现代中等学校(secondary modern),20世纪70年代以前(最近不复存在)招收未考入文法学校的11至16岁儿童的英国中等学校,与文法学校相比,它更重视实际技能教学,而不太重视文化课的学习。中国20世纪八九十年代的"中师"(中等师范学校),情况与此大致相仿。——译者注

那才是危险的。何况,一切并没有那么糟,地方当局还不至于连根拔起,完全从零开始重建大学与教师之间的联系。

那么,教师职业应该像法律或医学职业一样,与大学保持紧密联系的基本原因是什么呢?要回答这个问题,就必须首先说明大学作为一个公共机构的性质,然后才能探讨它与教学专业的关系。

第一节　大学作为一个公共机构

机构并不是像蟾蜍或树那样的实体,机构主要是由人的观念构成的。当然,个人在成为一个机构成员的同时,可能怀有自己的特殊目的。例如,人们可以为了警察部队所提供的报酬、威望或统治机会而加入警察部队;但是,只要是警察,他们就必须在一定程度上把自己想象成一个旨在维护法律和秩序的人。这一主要目标,为他们的生活提供了一条贯穿始终的统一线索。

大学教师认为,自己主要关心的是自己理解力的提升,以及其他人对自己理解力提升的启发作用。这是当前在我们思想中居主导地位的一种大学目的观。许多人都将这种有关知识进步的学术目的解释为一种客观研究(disinterested research)。但是,这是一种现代的大学观念。在传统社会中,人们认为,大学同样关注那种能够应用于社区实际需要的知识的发展,以及有关医学和法律等专业人员的训练工作。人们一直假设,某些职业需要这样的理论基础。例如,医生就需要在大学里受过训练,而骑兵军官则不需要。在传统社会中,大学的另一目的也非常重要,即为人们提供接受自由教育的机会,并由此发展一种与学生个人发展有关的全面理解。尽管目前所强调的纯研究(pure research)可能占据主导地位,但是,在我们的大学观念中,至少这三个目的是交织在一起的。例如,如果一个机构完全致力于为工业和应用知识与训练的发展提供服务,那么,我们就会倾向于认为它实际上是一所技术学院。如果它完全致力于自由教育,而不重视研究,那么,我们就会说它是一所文理学院(liberal arts college)。同样,如果它纯粹致力于研究或研究人员的训练,那么,我想我们就会说它已经变成了一所研究生院。

如果说推崇这些目的的其中之一就是大学的"本质",那么,这其实是要在某个方向上强化人们对于大学概念的理解,哪怕它只是在想象中才可能发生的事情;因为,正如我在本章开篇所说,机构主要是由人的观念构成的,如果大学教师整体上都认为自己只关注纯研究的发展,那么,大学实际上可能就会具有这种本质。对于一个大学来说,坚持这一本质的唯一有力论据是:在一个同时关注应用知识和对学生进行自由教育的机构中,纯研究无法正常进行。我认为,像牛津这样的大学,对这种笼统的说法一直都是持反对意见的。因此,我认为,这三类目的都是一所大学的合法目的,而大学与研究生院、技术学院和文理学院的区别在于,它试图同时追求这三种目的。只不过,不同的大学对这些不同目的的重视程度有所不同罢了。

第二节 大学应该关注教育研究吗?

那么,教育研究有什么独特之处?大学应该关注这些研究吗?有关教育研究的困境,在一定程度上说明大学对教育研究素有敌意——因为从逻辑上讲,教育研究是混乱不堪的,而且总是混乱不堪的。我的意思是说,他们所关注的问题(诸如数学问题或物理问题),都是一些仅靠一种思维方式无法解决的问题。所谓教育问题,也就是诸如"我们应该惩罚孩子吗?""课程应该流水作业吗?""我们应该设置一门综合课程吗?"之类的问题。然而,在我们对"惩罚"和"综合"(integration)等概念首先展开一些哲学研究之前,我们根本无法通过设计实验来解决这些问题。我们必须区分"惩罚"与"纪律",以及心理学家对老鼠和狗所进行的负强化实验。然后,我们必须提出有关惩罚的正当性、教育的目的以及人际关系中的道德原则等问题。惟其如此,我们才有资格看到真正重要的实证研究(empirical studies,又译"经验研究"),无论是心理学形式的,还是社会学形式的。

一、教育理论发展的三个阶段

教育理论的发展至少可以分为三个阶段,它与人们之所以应当将其视为一项大学研究紧密相关。我认为,多数大学教师之所以对教育理论充满敌意,在很大程度上主要来自于他们所熟悉的教育理论发展的第一阶段,即我所谓"一团乱麻"(undifferentiated mush)阶段。对于这些复杂的教育问题,凭借一些较为精确的心理学和教育史信息的支撑,教育理论工作者只是做出了一种相当模糊的回答。20世纪60年代初,开始进入教育理论发展的第二阶段。值得赞赏的是,从专业哲学家的"哲学"意义上讲,哲学与社会学都对这些教育问题做出了巨大贡献。教育研究工作者开始采取一种更为明确的区分方式来研究教育问题,它也产生了一种完全可以预见的结果。现在人们发现,那些对教育研究有贡献的学科都在各自道路上取得了一些成功,但它却是以牺牲教育理论为代价的,即这些学科的代表之间开始变得越来越无法交谈了。其最终结果是,诸如"我们应该惩罚儿童吗?"之类的问题仍然没有得到回答,因为那些从事惩罚哲学研究的人们与那些对该问题进行心理学或社会学研究的人们之间,存在着一种制度上或精神上的分离。要么就是因为,哲学家在某一个特定领域做了大量的工作,而其他学科的代表却没有从事相应的工作。现在，教育理论已经发展到了第三阶段，它正努力将不同学科的人聚集在一起讨论解决教育的实际问题，并对他们进行各种有关教育问题的专业思维训练。

然而，"综合"（integration）不仅仅是将诸如哲学、心理学、社会学和历史学等教育理论中通常所谓的"基础学科"（foundation disciplines）集合起来，并将它们与教育的实际问题联系起来；它也非常关注所谓的"课程研究"（curriculum studies）。"课程"现在是一个时髦概念，尽管"课程"一词所涵盖的内容晦涩难懂，但是，与教育有关的许多事情往往都会贴上"课程"的标签。在过去，"教育"有着自己的目的、内容和方法，而"课程"则是一个非常模糊的词汇，它大致是指那种被明确教授的内容——如果你愿意的话，也可以简要地说它指的是教育内容。然而，如今，人们却认为它还包含了目标（最好是可测量的"行为"目标）、内容和方法。但是，抛开这种观念上的转变不谈，它在"教育"上的一个显著含义是指人们正在学习的某种事物，而且，人们的学习方式在一定程度上也都取决于他们正在学习的内容。一旦提出有关教育内容的问题，大学教师满脑子所关注的都是科目和有关科目边界的"整合"难题，以及有关"主体"与"思维方式"之间的关系问题。尽管做出这种区分只是解决有关这些学科的逻辑结构及其与其他学科关系难题的开始，但是，如果（尤其是学校层面）要教授这些学科，那么，有关学习心理等其他附带性问题就会变得棘手，因为很难区分有关学习的逻辑问题和心理问题。而这些问题背后的心智困惑，在体制层面表现为人们有关由谁来决定学习和教学方式问题的冲突和不安——是否应由对儿童发展、学习和动机感兴趣的学科专家来决定？在教育学院中，教育研究领域的教师和主科教师之间有关"课程设置"（curriculum courses）的冲突，也是这些心智困惑的反映。

二、教育研究与大学观念的契合性

如此设想的教育研究,是否与我们前面所描绘的大学观念相契合呢?我想说,非常契合。首先,尽管教育问题和政治问题一样,都具有实用的性质,但是,对于那些不积极参与解决此类问题的人而言,解决这类问题可能也是客观研究的一种题材。因此,即使是对那些认为大学应该只关心对知识的无私追求的大学教师而言,在这一点上,他们既然没有理由将政治研究排除在外,也便没有理由将教育研究排除在外。

有人说,美容学(cosmetology)对基础研究的依赖不够,因此不足以成为大学中的一项研究。但他们也不能像质疑美容学那样认为教育研究也不配进入大学;因为教育问题并非不需要理论理解(theoretical understanding),而是太需要理论理解了。此外,人们所需要的许多理论类型都是从大学其他学科发展出来的。当人们对知识的碎片化和条块分割化普遍表示强烈不满的时候,以及当人们试图综合各种学科的时候,像教育这类本质上具有跨学科性质的学科,就肯定应该受到欢迎。

因此,从我们的大学观念看,我们既没有任何理由将教育研究排除在大学之外,也没有任何理由不让那些缺乏教育实践关怀的人来从事教育研究。不过,事实上,大多数人之所以对教育感兴趣,就是因为他们关心教育实践问题,而且,这一领域对知识的规范追求,不仅对满足社区的需要以及知识与技能的有效传播至关重要,而且对于个人在母文化中自我实现也至关重要。在我看来,大学应该面向更广阔的社会,而不仅仅是关注那些只能让一小众伙伴为之着迷的理论追求,而且实践问题也有其自身的魅力。在英国皇家学会(the Royal Society),存在着一种可以追溯到17世纪的"无形学院"(invisible college)[1]的学术传统,即人们常常将其对实践问题的关注与对知识的工具性态度混为一谈。因此,当我准备在大学开设教育研究专业的时候,我会非常重视那些可能被它吸引(即从事教学工作的教学专业)的人们所主要在意的实践兴趣。

通过教学专业实现理论与实践的恰当融合,是教育理论健康发展的关键。例如,心理学家不应该仅仅依靠大学心理学系教授的一些纯粹的学习理论,而应尝试把它推广应用到千变万化的课堂学习情境之中;他们应该和教师一起走进教室,去尝试发展一些与教育实践内容、学习条件以及学习者心理状态相关的理论。不过,教育理论并不总是能够给教育实践带来立竿见影的益处,因为只有少部分教育理论,可以像某种物理学应用于解决工程问题那样立即应用于实践。其中,大部分教育理论对教育实践产生的都是一种比较渐进性的影响,它会逐渐改变教师对于所教科目、儿童及课堂环境的看法。当然,从一般意义上讲,没有哪位(即使是最务实的)教师在没有任何理论依据的情况下就能够完成教学任务。唯一现实存在的问题就是,他的实践所依据的假设,是清晰的还是混乱的,是基于证据的还是基于偏见的。最为重要的是,现在的教师需要具备一种自立的能力,来葆有我们教育制度授予他的那种极大的自主权,因为他们承受着各种来自诸如流行杂志、炒作出版公司、督学,以及那些深知学业成功乃是职业晋升之捷径的父母等方面的压力。面对这些压力,他们不再有任何既定可以依靠的传统;因为在教育领域,现在有关教育目的、课程、教学方法、纪律和学校组织等几乎所有重要的事情都存在着争议。现在已经来不及压制有关教育的批判性洞见了,因为这么做恐怕会打乱既定的传统。这已经够让他们感到心烦意乱的

---

1 17世纪初,英国自然科学家经常聚会讨论自然科学问题,化学家波义耳(Robert Boyle,1627—1691)等人将这类自发的、非正式的科学团体称为"无形学院"(invisible college)。——译者注

了。为此,教师迫切需要做好充分准备,以应对变化无常的局面。

三、大学关注教育研究的方式

那么,更为具体地讲,大学应该如何开展一种与教学实践相结合的教育研究呢?首先,大学现有的诸如哲学、心理学、社会学和历史学等一切所谓的"基础学科",必然是大学最有可能增进人类理解力的中心领域。那些在教育哲学、教育心理学等应用领域工作的人们,应该与那些正在以更纯粹形式谋求学科发展的人们开展一种密切的合作。"教育学士"学位的重要意义,并不在于通过向教师提供真正的学位来提高教师的地位,而在于它使大学和教育学院的人员真正有机会聚在一起设计并教授课程,这些课程既能培养严谨缜密的头脑和心智,又能与职业实践保持紧密的联系。切断这些联系,就好比是把医生推到医院里接受训练,而不是通过一种"教学医院"(the teaching hospitals)[1]把医生和大学联系起来。

其次,大学现有的诸如英语、地理、数学等所谓"主要科目"(main subjects),其教学专业的特殊性,不仅仅在于大学生必须掌握以大学所提供的某种理论为基础的一系列技能、价值和观点,而且大学教师也必须将其教学内容当作一种文化遗产来教授。从很大程度上讲,大学乃是这一文化遗产的中心。如果大学生所享有的诸如文学、数学、历史等科目,与教师所能接触到的知识之间存在巨大鸿沟,那将是一场悲剧。在这个广阔的知识领域,教学专业和大学之间必须保持密切联系。在我看来,如果数学和历史对大学里的人们而言是一回事,而对那些没有接受过数学和历史训练的教师而言是另一回事,那么,这将是一种耻辱。大学教师经常抱怨自己孩子在中

1　"教学医院"即通常所谓某医学院的直属或附属医院,与医学院主要发挥医学研究的科研职能相比,它主要承担培养医生的教学职能。——译者注

小学被教授的垃圾内容,正如中小学教师经常抱怨他们在大学被教授的无关生活的枯燥内容一样。或许,双方都应该思考,二者之间所缺乏的乃是使这种情况成为可能的制度性联系。正因为大学与教学专业之间存在着有关教学法(pedagogy)和教学内容上的双重联系,才形成了教学专业与大学之间的独特关联。而且,最终也无法将教学法(pedagogy)从教学内容中分离出来;因为学习方式在很大程度上取决于学习内容。这也使得人们难以维持"学术"(academic)研究和"专业"(professional)研究之间的严格区分。

到目前为止,从中小学教育的长远利益出发,我一直主张保持大学和教学专业之间的密切联系。而且,大学机构本身也可能从其与教学专业建立的更紧密联系中受益。

在谈到大学作为一个公共机构的目的时,我曾提到有关学生的自由教育目标。我认为,拒绝对这一目标的关注,就等于是把头埋在沙子里;因为事实上,只有少数学生会继续拓展自己的知识边界,而大多基础课程都是以这种目的来教授的。殊不知,那些在高度专业化的荣誉课程中苦苦挣扎的人,事实上只是作为金字塔的底部,支撑着金字塔上面个人天赋符合教师指导方向的少数人。可以说,从他们自身发展的角度来看,他们的一些时间原本可以更好地花在自由教育上面。此外,尤其重要的一点是,学位事实上已经不再是获得一份好工作的可靠通行证。

在一个人们不再接受某种单一生活理想的社会中,无论是由教会还是由政党提供,自由教育都至关重要。因为它的作用不仅仅在于向个人展示一种使他能够自我实现的文化遗产,而且在于向他介绍一些可能激发他的选择能力、使之更富想象力、更有见识的研究(尤其是人文学科领域的研究)。因为在我们这样的社会中,个人拥有广泛的自由裁量权。对于"他应该成为什么样的人"的问题,目前还没有定论,但是,他有责任在一种公认的原则框架(如自由、公平和维护人民的利益)内寻找生活的意义,因为没有这些原则,这种个人自由裁量权就会退化为一种无政府的状态。

出于这一目的的教学,与那种旨在培养未来可能成为大学教师的教学迥然不同。它要求我们必须更加注重教学方法、不同学生的动机差异以及不同课程科目的固有价值。这类问题是那些有见识的中小学教师和教育学院的教师所经常面临的问题。当然,这类问题也特别适用于那些出现早退问题的学生,因为它们能够唤醒那些厌学者的兴趣。否则,他们要么离开学校,要么把学校拆散。大学和中小学教师以联合的方式解决这类问题,应该于双方都有利。在这方面,伦敦"教育学士"学位课程中的主要科目"教育要素"(Education component),就是一个例证。但是,只有在大学、教育学院和教学专业之间保有牢固的有机联系的情况下,这种合作才有可能实现。他们双方的代表,必须真的有机会一起完成共同的任务——大学教师不也是教师吗?

第三节 大学与教学专业的自主权

还有一个原因是,保持与大学的密切联系,对教学专业至关重要,因为这不仅关系到教学专业的自主权,也关系到个别教师的自主权。目前,学校和学院的课程,都不是由学校或学院集中确定或集中控制的。在学校一级,虽然校长、管理机构和地方教育当局对此都拥有某种发言权,但是从形式上讲,情况是如此多样,以至于实际有很大发言权的是校长。因此,大学也通过考试制度间接地这样做,不过,随着"中等教育证书"(Certificate of Secondary Education, CSE)的到来,应该让教师本身在这方面拥有更大的发言权。但是,一些校务中心办公室(central office)并不像许多国家那样制定课程。在大学的庇护下,教育学院也可以在课程设置方面拥有重要的裁决权。在做出课程变革时,他们所要做的,也主要是征得兄弟学院的同事以及大学教师的认可,而不必在有关课程内容的问题上去说服政府代表,尽管政府可以通过财政控制对大学间接施压。也许当地教师应该更多地参与教师培训的工作,而且,他们应该比当前更加重视这种公共责任,并且应该为此做出制度上的规定。但是,鉴于有关支持教师-导师制度(teacher-tutor system)的资金问题,它很容易被安排在现有的制度框架内。

然而,如果移除教育学院的大学保护伞,那么,教育学院由此就可以摆脱大学对自己的半神权统治(semimythical domination)。但是,谁来填补这个缺位呢?教育学院真的会变得更加自主吗?或者,如果大学现在放弃对教育学院的统治,中央政府和地方政府就会对大学事务拥有更多发言权吗?是否教育学院由此就能更好地抵御"教育与科学部"(the Department of Education and Science)以及地方当局的强制性要求,而无须通过学院院长来提出这些要求呢?谁又会成为那种政策上所谓旨在给教师更多协调改善学校课程机会的中小学校务委员会(the Schools Council)的实际操控者?没有像地方大学这样强大机构的支持,新的地区教育学院院长是否会成为孤家寡人呢?抑或他们真的会成为高级公务员?如果大学在与这些教育学院建立某种学术联系的同时,完全丧失了其在相关政策制定和规划方面的话语权,那么,大学的话语权是否就会遭到进一步的削弱?这种对大学话语权的阉割,是否会让大学在教学时若想不对"学术"与"专业"做出区分也行不通了呢?

简言之,大学与教学专业之间的联系主要包括两个必不可少的方面。首先,在教学法(pedagogy)领域,大学是促进哲学、心理学和社会学等学科理解的中心,这些学科对教育理论的发展至关重要。第二,在诸如数学、英语和历史等内容领域,大学首先关注那些必须为中小学课程和自由教育提供内容的学科的发展。在这两个领域,大学和教学专业之间必须保持有机的联系,因为学习的内容和方法之间存在着不可分割的联系。最终,大学只能在"学术"和"专业"之间做出武断区分,除此之外也不可能再有什么别的作为了。

在我们的社会中,教育不会被任何特定宗教或政治理想规定成统一的样子。实现这种统一理想的最好办法就是要求自主,即每个人都应发展自己作出真正选择的能力,并学会在不断发展的文化遗产中达到自我实现。大学应该成为这一文化遗产的主要生长点之一,也应该为中小学和教育学院的自主权提供制度保障,使其免受来自中央或地方政府的过度指导。

(伦敦大学教育学院,1972)

索 引*

A

Alcibiades 亚西比德,121,122
analysis, conceptual 概念分析 18-20, 170,175
apprenticeship system 学徒制 136,162-3
Aristotle 亚里士多德 23,24,89,121
Arnold, M. 阿诺德 47
authority:权威
 reliance on 依赖权威 104;
 of teacher 教师权威 137
autonomy:自主性/自主权
 in individuals 个人的自主性 63-6, 79-84,106,192;
 of teaching profession 教学专业的自主权 39,72,190-1

B

Bacon, F. 培根 162
Bed 教育学士学位 156,158,160,181, 188,190
Behaviourism 行为主义 170,175
Bentham, J. 边沁 44
Bernstein, B. B. 伯恩斯坦 165
Bloom's taxonomy 布卢姆的分类法 175
boredom, relief of 摆脱无聊 96-9
Bruner, J. S. 布鲁纳 155,174,177

C

censorship in Plato 柏拉图的审查制度 124,125,130
classics teaching 古典名著的教学 128, 136

colleges of education 教育学院 164-6, 173,181,188,190
community education centres 社区教育中心 81
comprehensive education 综合教育 22, 40,153
compulsory schooling 义务教育 80-1,
CSE 中等教育证书 190
Curriculum 课程 72-3,143,153,190;
 courses, in teacher training 教师训练课程 153-7,173,185;
 spiral, in education course 螺旋式教育课程 160;
 studies 课程研究 171-4,185

D

Democracy 民主 44,132
de-schooling 去学校化 69,84
development:发展
 child,儿童发展 155-6,173,185;
 personal,个人发展 156
Dewey, J. 杜威 48,83,89,115,116, 170-1
Discipline 学科/纪律 78,144,145,167, 172,183
δόξα 意见 123
Durkheim, E. 涂尔干 180

E

educated man 有教养的人 10-14

---

* 索引中的页码,均为原版书码,中文版请按边码检索。——编辑注

education:
  as academic discipline 教育作为一种学术性的学科 167-80;
  aims of 教育目的 17-18;
  analysis of concept of 教育的概念分析 3-21;
  argument for breadth in 有关教育广度的论证 105-7;
  authority in 教育权威 83-4;
  child-centred 儿童中心的教育 144,165;
  cognitive conditions of 教育的认知条件 4-5,8-10,29-32,87-8;
  compared with reform 教育与改革的比较 3-4,18;
  economic considerations in 教育中的经济因素 36-8,42,71;
  etymology of word 教育一词的词源学 9-11;
  extrinsic objectives in 教育的外在目标 35-8,51-2,72,73-9,84;
  historians of 教育史家 169,171;
  imitation as element in 模仿作为教育的要素 83,124,162-3;
  instrumental view of 教育工具论 18,19,26,36-8,90-5;
  justification of 关于教育的辩护 86-118;
  non-authoritarian 非专制教育 79-84;
  non-instrumental view of 非工具论的教育观 14,28,95-114;
  in Plato 柏拉图的教育观,119-32;
  play in,教育中的游戏 124;
  processes of 教育过程 88-9;
  progressive 进步教育 171,175;
  psychology of 教育心理学 167,169,170,172,177,187;
  quality in 教育质量 22-45;
  social principles in 教育的社会原则 39-42;
  sociology of 教育社会学 167,169,171,172,174;
  traditional 传统教育 152,175;
  and training, distinction 教育与训练的区别 between, 10-11,17,19,30,31-6,87;
  values in 教育价值 5-8,86-9,126
educational theory:教育理论
  nature of 教育理论的性质 139-41,158-61,167-80;
  and practice 教育理论与教育实践 161-6,168-9,176,187;
  three phases of 教育理论发展的三个阶段 169-70,184
εἰκασία 想象 123,125
ἐπιστήμη 知识 123
equality 平等 144
equilibration 平衡 128-9
Eros 爱欲 121
essence, doctrine of 本质论 24,48-9,69
examination system 考试制度 72,77,190

F

fairness 公平 39-42,69
Form of the Good 善的形式 123,126,130
forms, Platonic 柏拉图的形式 70,120-8
Forster, E.M. 福斯特 110
freedom 自由 39,40,46,62-6,79-84
free schools 自由学校 46,84
Freud, S. 弗洛伊德 98,123,129
function, doctrine of 功能论 50,76,104

G

Gestalt psychology 格式塔心理学 162
good 好的 22,43,132

Gorgias 《高尔吉亚》100
Greek thought 希腊思想 7,47,48-50,69,76;
  see also Aristotle, Plato 亦见于"亚里士多德"和"柏拉图"词条

H

Half Our Future 《我们未来的一半》165
Hare, R. M. 黑尔 7,20
Herbart, J. F. 赫尔巴特 180
Hirst, P. H. 赫斯特 47,59,142
Hume, D. 休谟 106,154

I

Illich, I. 伊利奇 80
imitation, see education 模仿,见"教育"词条
indoctrination 灌输 83
integration, see knowledge 综合,见"知识"词条
Isocrates 伊索克拉底 34,121

J

James, W. 詹姆斯 180
James Report 《詹姆斯报告》xii, 181
Jensen, A. 詹森 123

K

Kant, I. 康德 110,117,141,154
Knowledge: 知识
  advancement of 知识的进步 54-6;
  for its own sake 为了知识本身 48-51,53-4;
  forms of 知识的形式 47,59-60,70;
  of the Good 关于善的知识 7,14,15,20;
  integration of 知识整合 61-2,154-5,158-9,167,168,169-70,184-5;
  practical 实用知识 51-3,186-7;
  sociology of 知识社会学 171;
  and truth, see truth 知识与真理,见"真理"词条
Kohlberg, L. 柯尔伯格 177

L

learning 学习 88-9,108,173,
  see motivation to learn; 见"学习动机"词条
  logical and psychological aspects of 学习的逻辑方面和心理方面 173-4,185
lectures 演讲 148
Leibniz, G. W. 莱布尼茨 44
liberal education: 自由教育
  autonomy and 自主性与自由教育 62-6,79-84;
  content of 自由教育的内容 54,58,59-62,63-4,70,72;
  difficulties in implementing 实施自由教育的困难 68-85;
  as general education 自由教育即普通教育 58-62,69-73,182,189-90;
  as knowledge for its own sake 自由教育即为了知识本身 48-51,53-4,73-9,139;
  value of 自由教育的价值 50;
  various interpretations of 对自由教育的各种解释 46-8,68-9;
  and vocational training 自由教育与职业训练 139
literacy 识字 71,77,157
local government 地方政府 72-3,191
London Institute of Education 伦敦教育学院 149-50

M

marriage 结婚 138
Mead, G. H. 米德 129
mental health 精神健康 127
middle schools 初中 156
Mill, J. S. 密尔 139

Moore, G.E. 摩尔 139
moral development 道德发展 179
moral education 道德教育 89
morality 道德 35,130
Morris, J., 莫里斯 157
motivation to learn 学习动机 51-8, 72,73-9

N

Newman, Cardinal 红衣主教纽曼 47
New Zealand 新西兰 179
νοῦς 努斯 123
Nuffield projects 纳菲尔德计划 172

O

Oakeshott, M. 奥克肖特 162

P

passion 激情 121,127-8
philosophies, of maths, religion, science, etc., 数学哲学,宗教哲学,科学哲学,等等 179-80
philosophy, revolution in 哲学革命 141-2
philosophy of education:教育哲学
 historical approach 历史进路的教育哲学 146,180;
 meaning of 教育哲学的意义 141-3;
 place in teacher training 教育哲学在教师训练中的地位 135-47;
 ways of teaching 教育哲学的教学方式 147-50
Piaget, J. 皮亚杰 78,81,123,128,155, 162,174,177
Plato 柏拉图 7,14,23,34,48,62,98, 100,119-32;
 educational proposals 柏拉图的教育建议 124-6;
 theory of human nature 柏拉图的人性论 122-4;
 value-judgments in 柏拉图的价值判断 120-2
pleasure 愉快 95,96-9
politics 政治 167,168
punishment 惩罚 140,144,145,167, 170,183-4
Pythagoreans 毕达哥拉斯学派 120,130

Q

qualitas 品质/特性 23
quality:质量
 concept of 质量的概念 23-6;
 in education 教育质量 25-35;
 process criteria 教育过程的质量 27, 32-5,36;
 product criteria 教育产品的质量 27-32,36

R

reading readiness 阅读准备 157
reason 理由 99-104,120-1,125-6, 126-9,130-2
Robbins Report 罗宾斯报告 11

S

Schools Council 中小学校务委员会 191;
 Humanities Project 中小学校务委员会人文计划 64
sciences of man 人学 136-7,167
seminars 研讨会 149
Sidgwick, H. 西季威克 114
skills, basic 基本技能 157
Socrates 苏格拉底 7,14-15,20,37,96, 100,109,112,117,121,122,128, 141,177
Spartan education 斯巴达教育 4,6,9, 16,33-4,36,126
specialization 专业化 71-3
Spencer, H. 斯宾塞 59,70,84
Spinoza, B. de 斯宾诺莎 98,114

state direction in education 教育中的国家取向 73,190-1

subject:科目/学科
    logic of 学科的逻辑 173-4,185;
    specialization in teacher training 教师训练中的学科专业化 154-7

T

teaching:教学
    activity methods in 活动教学法 145;
    content in 教学内容 151-3;
    discovery methods in 发现教学法 177;
    informal methods in 非正式教学法 152;
    nature of 教学的性质 151,163;
    practice 教学实践 155,157,162-3;
    preparation for 教育准备 151-66;
    profession 教学专业 186-92

Tibble, J.W. 蒂布尔 158

truth:真理
    concern for 关注真理 100,109-10;
    as essential constituent of knowledge 真理作为知识的基本成分 90-1,99-105,109-10

U

universities:大学
    and educational studies 大学与教育研究 169,183-92;
    essence of 大学的本质 183;
    and liberal education 大学与自由教育 54-6,189-90;
    role of 大学的职能 182-3;
    and teaching profession 大学与教学专业 186-92

USA 美国 137,163

V

value-judgments 价值判断 120-2,126,131-2,140

W

Warnock, M. 沃诺克 48,55,75
White, P.A. 怀特 92
Whitehead, A.N. 怀特海 57-8,78,128,147,160

Y

Young, M. 扬 40